LIVRET-RÉSUMÉ

DE

MORALE ET D'INSTRUCTION CIVIQUE

avec notions de

CIVILITÉ

PAR

O. FORSANT
Inspecteur de l'Enseignement primaire

F. MORIN
Instituteur

(7ᵉ *Édition*)

PARIS

LIBRAIRIE HATIER

8, rue d'Assas, 8

—

1914

PRÉFACE

Ce petit ouvrage a pour but d'aider à former un honnête homme et un citoyen éclairé.

Nous pensons que l'accomplissement du bien doit être déterminé chez l'enfant par le désir de TOUJOURS SATISFAIRE SA CONSCIENCE, *que nous nous attachons à éclairer, à libérer.*

Pour cela, conformément à l'esprit de l'enseignement laïque caractérisé par l'appel constant à la raison, *nous avons voulu que l'enfant, dès le cours moyen, fût, — par de nombreuses questions, — habitué à s'interroger et mis à même de trouver* pourquoi il doit *faire le bien, et ne faire que le bien, — pourquoi telles idées, très répandues cependant, sont erronées ou immorales. — D'où, à la suite de chaque leçon, après* ces lectures destinées à agir sur le cœur, ces problèmes *moraux qui ont pour but de faire* penser *et* d'habituer à réfléchir.

En Instruction civique nous nous sommes efforcés de dégager cette idée que l'obéissance à la loi est le premier et le plus impérieux devoir du citoyen. *Et nous tenons que le maître doit s'attacher, non seulement à faire connaître les lois, mais à les faire comprendre et, si possible, à les faire* aimer en obligeant *l'élève à trouver leur* raison d'être.

Pour éclairer ce dernier enseignement et le rendre plus concret, *nous pensons que l'utilisation d'un Musée civique, — recueil de pièces officielles —, rendrait de très grands* services.

En somme, ce memento des principes laïques et républicains *est le complément indispensable de tous les cours de morale et nous serions heureux qu'il contribuât à préparer un homme* digne d'être libre.

LES AUTEURS.

Nota important. — 1° Chaque titre de lecture est suivi du numéro de la page où on la trouvera dans les *Lectures morales et littéraires* (1) des mêmes auteurs.

2° Chaque page a été divisée en autant de parties qu'il y a de leçons successives à développer et de résumés à faire apprendre. Ces résumés sont, intentionnellement, courts, surtout en morale, la méthode exigeant plus de discussion, plus d'appel au raisonnement, que d'effort de mémoire.

---

(1) *Lectures morales et littéraires*, par les mêmes. — 1 fr. 50, chez Hatier, 8, rue d'Assas, Paris.

MORALE

I. — PRINCIPES GÉNÉRAUX (1)

1. — L'HOMME. — LE CORPS. — L'AME

L'homme, c'est-à-dire toute personne, est composé d'un corps et d'une âme.

Le *corps* est visible et palpable; il obéit aux ordres de l'âme.

L'*âme*, appelée parfois esprit, est invisible et insaisissable. Elle manifeste son existence par ses effets sur le corps, c'est elle qui a le pouvoir de *sentir* moralement, de *penser* et de *vouloir*.

L'âme et le corps se complètent l'un l'autre et sont étroitement unis.

Maxime. — Unissez une âme saine à un corps sain.

Lectures. — 1º *Puissance de l'intelligence* (EUG. PELLETAN), page 1.

2º Il faut cultiver l'esprit comme le corps (GUYAU).

PROBLÈMES. — 1º Que faut-il préférer : un corps doué d'avantages physiques ou une âme forte et noble?

2º Quel est, à votre avis, le plus utile : développer sa force physique ou cultiver son esprit?

---

(1) **Note très importante pour les maîtres.** — Dans l'étude de ces « principes généraux », et d'ailleurs de toutes les leçons, le maître ne devra *rien* faire apprendre qui n'ait été *bien compris* par les élèves. — Il arrivera à leur faire comprendre presque tout : 1º par des *interrogations* bien choisies ; 2º par des *comparaisons* nombreuses entre la vie, les mœurs des animaux domestiques qu'ils connaissent bien, et la conduite de l'homme (instinct et conscience par exemple) ; 3º par des *constatations* multiples de ce qui se passe chez les uns et chez les autres (manifestations de l'instinct, de la sensibilité, de la raison, etc.). — Nous ne répéterons donc plus que les *interrogations* et les exemples *pris sur le vif* doivent constituer le fond même de chaque leçon. (Voir à ce sujet la préface des *Lectures morales et littéraires*.)

2. — LA CONSCIENCE MORALE
LA DIGNITÉ HUMAINE

De tous les êtres de la création, l'homme est le seul qui raisonne ses actes et les accomplit librement. Il connaît le bien et le distingue du mal parce qu'il est doué d'une *conscience morale.*

***

Cette conscience est la raison même *dictant* l'action et la *jugeant* quand elle est accomplie. Elle est éclairée par l'éducation, mais développée surtout par l'effort personnel.

***

L'homme étant moralement supérieur à tous les êtres de la création, son devoir, comme son intérêt, lui commandent impérieusement de conserver TOUJOURS cette supériorité.

***

Il ne le peut que par le respect de soi-même, principe de la *dignité humaine.* Tout ce qui est conforme à la dignité humaine est *bien;* tout ce qui lui porte atteinte est *mal.*

Maxime. — Toujours mieux, toujours plus haut.

Lectures. — 1º *La conscience* (STOP), page 3; 2º *La conscience* (V. HUGO), page 5.

PROBLÈMES. — 1º Pensez-vous que les peuplades barbares de l'Afrique ou de l'Océanie aient une conscience? 2º Citez un acte inspiré par le souci de la dignité humaine.

3. — LIBERTÉ ET RESPONSABILITÉ
MÉRITE ET DÉMÉRITE

L'homme est *moralement libre* et par suite *responsable*, c'est-à-dire qu'il peut choisir entre le bien et le mal. Sans cette liberté la responsabilité serait injuste et la loi morale inutile.

*
* *

Ce qui prouve encore cette liberté, c'est que lorsqu'on viole les commandements de la conscience, c'est-à-dire quand on n'accomplit pas son devoir, on éprouve un sentiment de diminution morale : on a *démérité.*

Si, au contraire, on a fait une bonne action, il semble que notre valeur morale ait augmenté : nous avons *mérité.*

*
* *

Quand nous avons mérité, nous nous sentons meilleurs et, malgré tout, *heureux ;* si nous avons démérité, nous en sommes punis par le *remords.* Ainsi se confondent le devoir et l'intérêt *bien entendu.*

Maxime. — Une conscience pure est le plus doux des oreillers.

Lectures. — 1° *La conscience* (CHATEAUBRIAND), page 10; 2° *La voix de la conscience* (STENDHAL), page 12.

PROBLÈMES. — 1° Est-il toujours bon de tenir compte de la sanction appelée « opinion publique »? Trouvez un ou plusieurs exemples montrant qu'elle n'est pas toujours conforme à la justice, — à la loi morale.

2° Pourquoi dit-on que le remords est le poison de la vie? Montrez la justesse de cette expression.

4. — OBJET ET IMPORTANCE DE LA MORALE

La morale est la science du *bien*, c'est-à-dire du *bonheur*. Pour accomplir le bien, il faut le connaître et l'aimer. La morale, en nous enseignant le devoir qui résume à lui seul le bien, nous le fait connaître, notre sensibilité et notre raison nous le font aimer.

*
* *

En accomplissant toujours notre devoir, nous prenons l'habitude du bien, c'est-à-dire nous devenons *vertueux* et avons l'approbation de notre conscience, source du vrai bonheur.

Maximes. — On ne peut rien faire de bon, d'honnête, sans la vertu.

Il faut faire le bien parce que c'est le bien (RATISBONNE).

Lecture. — *Une leçon de morale dans la rue* (BURDEAU), page 15.

PROBLÈMES MORAUX. — 1° Que considère-t-on le plus d'ordinaire, et que faudrait-il plutôt considérer : la richesse, l'intelligence ou la vertu? — Pourquoi?

2° Socrate avait-il raison de dire : Il y a quelque chose de plus nécessaire à l'homme que le pain et le vêtement, c'est la science du bien? — Pourquoi?

3° Citez des cas où l'on peut dire d'une personne : « Elle a vraiment du mérite. »

II. — LA FAMILLE, L'ÉCOLE, LA PATRIE

A. — *La Famille.*

5. — LA FAMILLE

L'homme est fait pour vivre en société. La *famille* est une petite société dont tous les membres doivent être unis par les liens de l'affection la plus intime. Elle se compose essentiellement du père, de la mère et des enfants entre lesquels existe une étroite solidarité morale.

** **

Les membres d'une même famille doivent toujours rester unis.

Les devoirs envers la famille sont les premiers des devoirs sociaux et la famille est l'école de la vertu.

Maxime. — Toute maison divisée contre elle-même périra.

Lecture. — *Ce qu'était la famille autrefois* (COM-PAYRÉ), page 17.

PROBLÈMES. — 1° Qu'entend-on par esprit de famille? Quels en sont les bienfaits? Quels peuvent en être les inconvénients? Doit-on toujours absoudre les siens? 2° Quand apprécie-t-on le plus les joies de la famille?

6. — L'AMOUR PATERNEL. — L'AMOUR FILIAL

Pour élever leurs enfants, les parents, par amour pour eux, s'imposent souvent de grands sacrifices. C'est grâce aux soins constants dont il est entouré qu'un enfant peut vivre et grandir. Aussi, en retour, il a beaucoup de devoirs à remplir envers ses parents. Ces devoirs se résument en un seul : *l'amour filial* ou piété filiale.

Maximes. — La gloire d'un fils doit être le nom de son père.

L'ingratitude la plus odieuse est celle des enfants envers leurs parents.

Lectures. — 1° *Sentiment de piété filiale* (Pasteur), page 19 ; 2° *Mes bons parents* (Diderot), page 21 ; 3° *La dot de la sœur* (Voltaire), page 23.

Problèmes. — 1° A-t-on jamais raison de rougir de l'humble situation de ses parents ? Pourquoi non ? De quels sentiments fait-on preuve en agissant ainsi ?

2° Si vos parents se trouvaient dans le besoin à l'âge où vous pourrez gagner leur vie, que feriez-vous pour leur venir en aide ?

3° Peut-on jamais renier ses parents ?

7. — AMOUR, RECONNAISSANCE ET OBÉISSANCE DUS AUX PARENTS

Les enfants doivent à leurs parents l'amour, la reconnaissance et l'obéissance. L'amour filial doit s'élever jusqu'au dévouement si les circonstances l'exigent. Le fils reconnaissant donne *toujours* à ses parents la première place à son foyer. Il leur vient en aide s'ils sont malheureux, vieux ou infirmes.

Quand l'enfant sera devenu homme et qu'il pourra se conduire seul, ses parents ne le commanderont plus, mais il devra toujours écouter leurs conseils avec déférence et gratitude.

Maximes. — Obéir à ses parents, c'est bien ; prévenir leurs volontés, c'est mieux (VESSIOT).

Ils s'en iront, et vous chercherez en vain de meilleurs amis (Mme DE STAËL).

Lectures. — 1° *Tel père, tel fils* (SAINT-MARC-GIRARDIN), page 25 ; 2° *La carpe et les carpillons* (FLORIAN), page 26 ; 3° *Ma mère* (TOLSTOÏ), page 30.

PROBLÈMES. — 1° Expliquez cette pensée : Le devoir parle aux hommes par l'intermédiaire de leur conscience, et aux enfants par la bouche de leurs parents.

2° Pourquoi trouvez-vous la situation des orphelins si triste ?

3° Que devrait faire un enfant au cas, peu probable, où de mauvais parents lui commanderaient un acte contraire à la probité ou à l'honneur ?

8. — HONNEUR ET RESPECT AUX PARENTS

Vos parents, par leur âge, leurs vertus, le bien qu'ils vous ont fait, la supériorité qu'ils ont sur vous, ont droit à votre respect. Vous devez le leur témoigner par vos paroles et vos actions. Enfants, soyez obéissants ; jeunes gens, soyez polis, obligeants, pleins de déférence ; la morale, comme votre conscience, vous l'ordonnent.

Visiter ses parents éloignés et leur écrire souvent est encore un témoignage de respect et d'affection que tout bon fils doit leur donner.

Maximes. — Enfant, tu dois, à tout âge, honorer et respecter tes parents.

La plus sûre marque de respect est l'obéissance (VESSIOT).

Lectures. — 1° *Un jugement de Salomon* (SAINT-MARC-GIRARDIN), page 25 ; 2° *Le coffret* (SAINT-MARC-GIRARDIN), page 34.

PROBLÈMES. — 1° Que pensez-vous de certains enfants qui se permettent de juger les grandes personnes, notamment leurs parents ? Montrez le ridicule de leur conduite et la conséquence qu'elle a pour eux-mêmes.

2° Que pensez-vous d'un enfant qui répond impoliment aux observations de ses parents ?

9. — DEVOIRS ENVERS LES GRANDS-PARENTS ET LES VIEILLARDS

Un enfant bien élevé, bon et affectueux, *respecte* toujours les vieillards et en particulier ses grands-parents. Il doit leur être *reconnaissant* de la tendresse et de l'indulgence qu'ils lui témoignent.

Pour montrer son *affection*, il ne perdra pas une occasion de leur rendre service.

L'enfant qui ne respecte pas les vieillards et les infirmes fait preuve de mauvaise éducation et de mauvais cœur.

Maxime. — Heureuse la mère dont le fils se lève devant les cheveux blancs!

Lectures. — 1° *La grand'mère et le petit-fils* (PIERRE LOTI), page 37 ; 2° *On récolte ce qu'on a semé* (J. GIRARDIN), page 41.

3° Respect pour les vieillards (CAZES).

PROBLÈMES. — 1° Quels services pouvez-vous rendre à vos grands-parents?

2° Vous vous disposez à aller en partie de plaisir lorsqu'on vient vous prévenir que votre grand'mère s'est trouvée subitement indisposée. Que ferez-vous en cette circonstance?

10. — LES FRÈRES ET LES SŒURS. — LES AMIS

Les *frères* et les *sœurs* se doivent une affection et une aide mutuelles. Il ne doit y avoir entre eux ni jalousie, ni dispute.

Les *aînés* donneront toujours le bon exemple aux plus jeunes et les protégeront; en retour ceux-ci seront dociles à leurs ordres et reconnaissants.

Les frères se montreront surtout *serviables pour leurs sœurs*.

Tous les parents à divers degrés doivent rester unis par un indestructible esprit de famille.

Nous devons choisir avec soin nos *amis* et leur être fidèles, surtout dans le malheur.

Maximes. — Le frère qui fait du tort à son frère, s'en fait à lui-même.

Pour les cœurs corrompus l'amitié n'est point faite (Voltaire).

Lectures. — 1° *Deux véritables frères* (Lamartine), page 43 ; 2° *Deux frères* (L. Veuillot), page 45 ; 3° *La mort d'un ami* (Xavier de Maistre), page 47.

Problèmes. — 1° Que signifie cette expression : « Un frère est un ami donné par la nature »?

2° Si, malheureusement, vous perdiez votre père, comment vous conduiriez-vous vis-à-vis de vos frères et sœurs plus jeunes?

11. — LES MAITRES ET LES SERVITEURS

Les *serviteurs* doivent, à ceux qui les emploient, leur temps et leur intelligence; ils se montreront dociles, consciencieux, respectueux et fidèles.

En retour les *bons maîtres* traiteront leurs domestiques avec douceur, indulgence et bienveillance. Ils les conseilleront, les secourront et ne les abandonneront pas s'ils sont malades.

** * **

Les *enfants* s'abstiendront de commander les serviteurs; ils reconnaîtront, par de bons procédés et un grand respect, leurs soins dévoués.

Les *patrons* doivent payer leurs ouvriers en raison de leur travail ; les *ouvriers* doivent être consciencieux et défendre, comme les leurs, les intérêts de leurs patrons.

Maxime. — Les bons maîtres font les bons serviteurs.

Lectures. — *Le dévouement d'une servante* (GUSTAVE FLAUBERT), page 49.

PROBLÈMES. — 1° Faut-il considérer les domestiques comme des égaux?

2° Suffit-il d'être bon pour les domestiques ?

3° Votre serviteur vient de tomber gravement malade. Que ferez-vous pour lui?

4° Comment un serviteur peut-il gagner la confiance de ses maîtres?

B. — *L'École.*

12. — L'ÉCOLE. — BIENFAITS DE L'ÉCOLE

La République, dans leur intérêt même, comme dans l'intérêt du pays, exige que tous ses enfants, riches ou pauvres, soient instruits. Elle a créé, pour cela. des milliers d'écoles où les jeunes Français vont étudier et recevoir une bonne éducation.

L'instruction est un si grand bienfait qu'il faut l'acquérir avec empressement et reconnaissance.

La grandeur d'un pays dépend de la valeur et du nombre de ses écoles.

Maximes. — Laissez dire les sots, le savoir a son prix.

L'école est la plus grande découverte que l'homme ait jamais faite (H. MANN).

Lectures.— 1° *A l'école que vas-tu faire petit enfant?* (LÉON DERIES), page 52 ; 2° *L'école modèle* (E. ZOLA), page 56.

PROBLÈMES. — 1° Un enfant qui trouble la classe par sa dissipation ou qui est paresseux ne fait-il tort qu'à lui-même? Justifiez votre réponse par des raisons et des exemples.

2° Que vaut-il mieux : apprendre par cœur, sans comprendre, ou passer beaucoup de temps à comprendre, même si on n'en a plus assez pour apprendre par cœur? Pourquoi?

13. — ASSIDUITÉ, DOCILITÉ, TRAVAIL

L'enfant doit venir assidûment à l'école, la loi l'y oblige et son intérêt le lui ordonne : *sans assiduité, pas de progrès.*

Il doit *bien écouter* son maître et suivre toutes ses recommandations, sinon pas de travail fructueux.

Enfin, pour être un bon élève, il ne faut *jamais perdre son temps* en classe; on doit y venir *propre* et vêtu avec soin.

Maxime. — Quelques heures d'attention à l'école sont des journées de misère épargnées dans la vie.

Lectures. — 1º *Le prix d'une heure* (M. GUYAU), page 58 ; 2º *Les écoles* (LABOULAYE), page 60 ; 3º *Le devoir de s'instruire* (ERCKMANN-CHATRIAN), page 63.

PROBLÈMES. — 1º Quelle est, à votre avis, la condition fondamentale du progrès?

2º Quelles sont les qualités qui font le bon élève?

3º On dit quelquefois qu'une heure ou même une demi-journée de classe perdue, ce n'est rien. Qu'en pensez-vous? Pourquoi faut-il être *très assidu* à l'école?

4º Que faut-il penser de certains agriculteurs aisés qui, pour ne pas payer un homme de peine pendant quelques mois, retiennent à la ferme leur fils âgé de moins de 13 ans? Est-il vrai que cette économie sera, dans la suite, plus avantageuse pour l'enfant que ce qu'il aurait pu apprendre à l'école pendant ce temps?

5º Que pensez-vous d'un enfant qui fait l'école buissonnière?

14. — DEVOIRS ENVERS L'INSTITUTEUR

L'élève doit à son instituteur, comme à ses parents, de l'*affection* et du *respect*. Grâce à lui, l'enfant connaît ses devoirs de famille et ses devoirs sociaux; il deviendra un bon fils et un bon citoyen.

Il faut *obéir* au maître et avoir pour lui la plus vive et la plus durable *reconnaissance*.

Pour montrer cette reconnaissance, dès son jeune âge, un écolier doit être assidu, docile, studieux et appliqué.

Maxime. — Celui qui instruit est un second père.

Lectures. — 1° *L'instituteur* (V. Hugo), page 66; 2° *Gratitude envers les maîtres* (DE AMICIS), page 67.

PROBLÈMES. — 1° Que pensez-vous d'un élève qui prétend ne rien devoir à son maître parce que celui-ci est payé pour l'instruire?

2° A quelles qualités reconnaît-on un bon élève?

3° A qui fait tort un enfant irrespectueux et dissipé? Que s'expose-t-il à devenir plus tard?

15. — DEVOIRS DES ÉLÈVES ENTRE EUX
RÉSOLUTIONS D'UN BON ÉLÈVE

« Je serai poli pour mes camarades, je leur ren-
« drai service ; j'aiderai surtout ceux qui sont peu intel-
« ligents, mais ne laisserai jamais copier mes devoirs ;
« je donnerai à tous le bon exemple.

« Je ne serai ni envieux, ni jaloux des succès de
« mes condisciples, mais je ferai tout mon possible
« pour égaler les meilleurs d'entre eux. En récréation,
« je ne me disputerai point, et je prendrai toujours la
« défense de mes camarades plus faibles ou infirmes. »
Telles sont les résolutions du bon élève.

Maxime. — Qu'un ami véritable est une douce
chose !

Lecture. — *Aux enfants qui vont quitter l'école*
(JOUFFROY), page 70.

PROBLÈMES. — 1º Un grand élève brutalise un jeune enfant. Le laisserez-vous continuer ? Comment vous compor-
terez-vous avec le brutal ?

2º Votre voisin de classe vous demande la permission de
copier la solution de vos problèmes. Devez-vous acquiescer
à son désir ? Pourquoi non ? Que pouvez-vous faire cependant pour l'aider en cette circonstance ?

16. — DANGERS DE L'IGNORANCE

L'*ignorance* est un grand danger pour les personnes et pour les nations.

Tout ce qui nous est enseigné en classe nous sera utile plus tard; tâchons donc d'acquérir une bonne instruction qui nous permette de gagner honorablement notre vie.

** **

Quand nous serons sortis de l'école, nous continuerons de nous instruire en suivant assidûment les *cours d'adultes* et les *conférences*, et en fréquentant les *bibliothèques populaires*.

Maximes. — Ta destinée, fût-elle de vivre cent ans, apprends toujours (*Proverbe russe*).

Le premier peuple est celui qui a les meilleures écoles; s'il ne l'est aujourd'hui, il le sera demain (CHANNING).

Lecture.— *Douloureuse ignorance* (BATISTO BONNET), page 72.

PROBLÈMES. — 1° Croyez-vous qu'il soit nécessaire de se servir encore de ses livres de classe lorsqu'on a quitté l'école? Pourquoi?

2° Un enfant qui a toujours été un bon élève et qui a reçu son certificat d'études, peut-il se dispenser d'étudier lorsqu'il est sorti de classe? Pourquoi? Comment continuera-t-il à s'instruire? Par la lecture des journaux?

C. — *La Patrie.*

17. — LA PATRIE ET LE PATRIOTISME

La Patrie, c'est le pays où nous sommes nés et où sont nés nos ancêtres; c'est aussi la réunion des personnes qui parlent la même langue, obéissent aux mêmes lois, ont le même passé et les mêmes espérances et suivent le même drapeau. Notre patrie, à nous Français, c'est la « douce France ».

*
* *

En reconnaissance de tous les bienfaits dont elle nous comble, nous devons *aimer* et *servir* la Patrie jusqu'au *sacrifice de notre vie*. C'est grâce au patriotisme des bons Français que notre pays occupe un des premiers rangs dans le monde.

Maxime. — Mourir pour la patrie, c'est le sort le plus beau, le plus digne d'envie (*Chant du départ*).

Lectures. — 1° *Hier et demain* (GAMBETTA, *Extrait d'un discours*), page 75; 2° *La patrie* (CORMENIN), page 77.

PROBLÈMES. — 1° Expliquez ces paroles de Lamennais : « L'Exilé partout est seul. » (Voir page 248 des *Lectures morales*.)

2° Comment un enfant peut-il et doit-il montrer son patriotisme?

3° Que pensez-vous de ces paroles de Danton : « On n'emporte pas la Patrie à la semelle de ses souliers », et comparez-les avec cet aphorisme : « La patrie est là où l'on est bien. »

18. — GLOIRE MILITAIRE
ET GLOIRE INTELLECTUELLE

La France est une patrie glorieuse. Elle a été glorieuse par ses *armes*; elle a fourni au monde de vaillants soldats et de grands capitaines qui ont remporté d'éclatantes victoires; elle a été aussi et est encore surtout glorieuse par le *génie* de ses savants, de ses écrivains, de ses artistes.

Nous devons être fiers de *toutes les gloires* de notre pays, mais placer au *premier rang* la gloire pacifique des artistes et des savants parce qu'elle est la plus pure, la moins coûteuse et la plus durable.

Maxime. — A tous les cœurs bien nés, que la patrie est chère! (VOLTAIRE.)

Lecture. — 1° *Les gloires de la France* (CH. BIGOT), page 79 ; 2° *Chanson de proscrit* (V. HUGO), page 82.

PROBLÈMES. — 1° Pourquoi la patrie française est-elle glorieuse entre toutes?

2° Quel est l'emblème de la patrie ? Pourquoi mérite-t-il notre vénération ?

3° Que pensez-vous de la guerre ? N'a-t-elle absolument que des inconvénients? Dans quels cas est-elle légitime?

4° Est-ce seulement sur le champ de bataille que se manifeste le patriotisme ? — Où encore ?

19. — LA LOI
POURQUOI IL FAUT TOUJOURS LUI OBÉIR

La loi est un *ordre* ou une *défense* qui nous impose certaines obligations, certains devoirs pour sauvegarder les *droits de tous*. Elle a pour bases la morale universelle et les tendances particulières à chaque peuple.

*** **

Ceux qui désobéissent aux lois portent atteinte à l'ordre et à la sécurité dans leur patrie, ce *sont de* mauvais citoyens. L'obéissance aux lois doit être *absolue* dans un pays démocratique comme le nôtre où tous les citoyens participent au pouvoir législatif au moyen du suffrage universel. La loi y étant l'expression de la volonté nationale, s'insurger contre la loi, c'est entrer en lutte contre soi-même.

Maximes. — La loi est, en France, l'expression de la volonté nationale.

L'obéissance à la loi est le premier devoir civique.

Lecture. — *Respect à la loi* (Ch. Bigot).

Problèmes. — 1° N'arrive-t-il pas que certaines lois blessent nos intérêts particuliers ? Quel est alors le devoir du bon citoyen ?

2° Doit-on jamais manquer de respect aux fonctionnaires chargés de l'application d'une loi qui lèse nos intérêts privés ? Pourquoi serait-ce injuste et lâche ?

20. — LA DEVISE RÉPUBLICAINE
LIBERTÉ, ÉGALITÉ, FRATERNITÉ

Le gouvernement républicain a pour fondement la *raison* et le *respect de la dignité humaine*. Il doit protection à *tous* les citoyens sans distinction de naissance, de croyances, ni de fortune.

*
* *

La France doit être fidèle à sa devise en assurant la *liberté* civile, politique et religieuse de ses citoyens ; en assurant leur *égalité* devant la loi, l'impôt et la justice ; enfin en développant l'instruction et en favorisant l'association, l'aide mutuelle et l'assistance publique, c'est-à-dire la *solidarité* et la *fraternité* sous toutes leurs formes.

Maxime. — Gouverner, c'est faire régner le plus possible la paix, la justice et l'équité entre les hommes : c'est faire le plus de bien à tous.

Lecture. — *La devise républicaine* (JEAN AICARD), page 87.

PROBLÈME. — Expliquez le sens des mots de la devise républicaine : *Liberté, Égalité, Fraternité*. Montrez, par des exemples, dans quelle mesure elle est réalisée et ce qui reste encore à faire.

21. — LE DROIT DES GENS
DEVOIRS DES NATIONS ENTRE ELLES

Les nations ont, entre elles, des droits et des devoirs dont l'ensemble constitue le *droit des gens*.

Un pays doit défendre, par tous les moyens possibles, son indépendance, sa liberté et son honneur.

Lorsque tous les moyens pacifiques ont échoué pour résoudre les difficultés entre deux nations, elles sont dans la douloureuse nécessité de recourir à la guerre qui, en ce cas, est légitime, mais toujours extrêmement pénible et très grosse de conséquences.

En temps de guerre, les vieillards, les femmes, les enfants et ceux qui ne se défendent pas doivent être épargnés au nom de l'humanité.

En temps de paix, les nations sont en relations par leurs agents diplomatiques respectifs.

Maxime. — La guerre pour le foyer, la guerre pour la patrie, la guerre pour l'indépendance devient la guerre sainte.

Lectures. — 1° *Une nation juste* (MONTESQUIEU), page 91 ; 2° *Le droit des peuples* (GAMBETTA), page 94.

PROBLÈMES. — 1° La guerre de 1870-71 était-elle légitime pour la France ? Et pour l'Allemagne ?

2° Que signifie cette fameuse devise de nos ancêtres les Gaulois : « Malheur aux vaincus ! » Qu'en pensez-vous ?

III. — DEVOIRS INDIVIDUELS

A. — *Devoirs envers le corps.*

22. — LA CONSERVATION DE SOI

A tout âge et dans toute position, nous avons des devoirs à remplir et nous ne devons pas nous en débarrasser volontairement.

Le suicide est une *lâcheté*.

*
* *

L'homme, né débiteur de la société, a le *devoir de vivre* et d'être aussi robuste que possible.

Celui qui se suicide directement ou lentement, commet un crime contre lui-même et contre la société. Le suicide est *immoral*.

Maxime. — On doit avoir pour soi le plus grand respect parce qu'on est toujours avec soi-même.

Lecture. — *Le suicide* (J.-J. ROUSSEAU), page 97.

PROBLÈMES. — 1° Pourquoi le suicide n'est-il pas une preuve de courage ? — Pourquoi, au contraire, est-il une lâcheté ?

2° Que pensez-vous d'un jeune homme qui se coupe un pouce ou se mutile d'une autre manière pour échapper au service militaire ?

23. — LA PROPRETÉ

La *propreté*, source de santé, nous est recommandée par la morale autant que par l'hygiène. Notre corps, dans notre intérêt même, doit être conservé en bon état par des soins constants et minutieux de propreté.

** **

La *malpropreté* du corps, des vêtements et de tout ce qui nous appartient, est un manque de respect pour nous-mêmes et pour les autres, autant qu'une preuve de désordre.

Maximes. — Ne souffrez aucune malpropreté ni sur votre corps, ni dans vos vêtements, ni dans vos maisons (FRANKLIN).

Plus un peuple est civilisé, plus il consomme de savon.

Lectures. — 1° *L'homme, la vigne et le marais* (LAMENNAIS), page 100 ; 2° *Un voisinage repoussant* (P.-J. STAHL), page 102.

PROBLÈMES. — 1° Dites comment un enfant doit faire sa toilette pour obéir aux prescriptions de la morale et aux règles de l'hygiène.

2° Que pensez-vous de l'habitude qu'ont certaines personnes de ronger leurs ongles?

3° Que vaut-il mieux : « être en toilette » ou « avoir fait sa toilette »? Justifiez votre opinion.

24. — LA SOBRIÉTÉ ET LA TEMPÉRANCE

La *tempérance* est une vertu qui nous porte à user modérément des biens du corps. Il faut éviter avec soin, notamment, les excès dans le manger et le boire. L'intempérance est une forme du suicide lent qui ravale l'homme au-dessous de l'animalité.

* *
* * *

Il n'y a pas de plus fatale intempérance que l'ivrognerie qui peut amener la paralysie et la mort. *L'alcool surtout est un poison pour tous nos organes : il conduit à la folie et au crime; il ne faut* JAMAIS *contracter l'habitude d'en boire.*

La sobriété et la tempérance conservent la santé du corps et celle de l'esprit.

Maximes. — La tempérance, c'est le bonheur à bon marché.

Le gourmand creuse sa fosse avec les dents.

Lectures. — 1° *L'ivrogne* (LÉGENDE ARABE), page 104; 2° *L'intempérance premier ministre de la Mort* (CH. LEBEAU), page 105.

PROBLÈMES. — 1° Quel est le défaut de ceux qui se laissent aller aux excès de table? Quels sentiments éprouvez-vous à la vue d'un homme ivre?

2° Croyez-vous que le vin pur ou l'alcool fortifient le corps? Comment doit-on user du vin?

3° Est-ce une marque d'intempérance que de fumer beaucoup? Quels sont les funestes effets de l'abus du tabac?

25. — L'ACTIVITÉ. — L'EXERCICE PHYSIQUE

On est robuste quand on peut marcher longtemps, courir, sauter, nager et porter de lourds fardeaux sans se fatiguer.

L'activité physique peut s'exercer d'une foule de manières ; elle se développe principalement par les exercices en plein air. La marche est surtout recommandable. La pratique des exercices physiques et de la gymnastique exerce une heureuse influence sur notre santé et notre moralité.

Maxime. — Le manque d'exercices physiques est un empoisonnement graduel.

Lecture. — *La loi du travail* (CH. BIGOT), page 108.

PROBLÈMES. — 1° Indiquez des cas où on est heureux de connaître la gymnastique. Services qu'elle nous rend.

2° Pourquoi et comment les exercices physiques ont-ils une heureuse influence sur notre moralité et notamment sur celle des enfants ?

B. — *Devoirs envers l'âme.*

26. — LA DOUCEUR ET LA COLÈRE
L'ENVIE ET LA JALOUSIE

Nous devons faire preuve de douceur envers tout le monde. Le *calme* et la *pondération* sont une preuve de bonne éducation, car elles attestent que nous savons nous vaincre, c'est-à-dire que nous sommes vraiment *libres*.

La *colère* est une courte folie qu'il faut maîtriser par la volonté. Un homme en colère n'est pas seulement ridicule, il est coupable de manquer de volonté ; il peut commettre des actions criminelles qu'il regrettera toute sa vie.

** **

L'envieux souffre du bonheur des autres ; le *jaloux* convoite pour lui seul ce qu'ils ont. L'envieux et le jaloux sont des *égoïstes*.

Maximes. — Plus fait douceur que violence.

Agir pendant la colère, c'est s'embarquer pendant la tempête.

Les plus belles victoires sont celles qu'on remporte sur soi-même.

Lecture. — *La colère et le crime* (BRUNO), page 111.

PROBLÈMES. — 1º Vouloir gagner des places aux compositions, est-ce bien ou est-ce mal ?

2º Faut-il être jaloux des succès de ses camarades, quand on a soi-même subi un échec ? Pourquoi non ? — Faut-il souhaiter qu'ils fassent mal ou se trompent pour qu'on soit classé avant eux ?

27 — L'ORGUEIL ET LA MODESTIE

L'orgueilleux se croit supérieur aux autres ; la *vanité*, forme atténuée de l'orgueil, est une opinion exagérée de nos moindres avantages. L'orgueil et la vanité nous aveuglent sur nos défauts et nuisent à notre perfectionnement moral.

Par la *modestie* et la *simplicité*, contraires de l'orgueil et de la vanité, nous obtenons l'estime de tous. Il faut vaincre l'orgueil, mais garder intacte notre dignité personnelle.

Maxime. — Ne soyons fiers que de nos bonnes actions.

Lectures. — 1° *Le chêne et le roseau* (LA FONTAINE), page 114 : 2° *L'orgueilleux corrigé* (VOLTAIRE), page 116 ; 3° *Le bourgeois gentilhomme* (MOLIÈRE), page 120 ; 4° *L'Orgueil* (MONTESQUIEU), page 122.

PROBLÈMES. — 1° Pourquoi l'orgueilleux est-il injuste ?

2° Qu'arrive-t-il si on a une fausse idée de la dignité personnelle ? — Montrez comment l'orgueil s'appuie sur des bases fragiles.

3° La fortune, la naissance ou même l'intelligence doivent-elles nous enorgueillir ? Pourquoi non ? De quoi, seulement, pouvons-nous être fiers ?

28. — VÉRITÉ ET SINCÉRITÉ. — LE MENSONGE

L'homme est doué d'intelligence pour connaître et aimer le vrai; il se doit donc à lui-même de ne *jamais mentir*.

Celui qui, sciemment, ne dit pas la vérité, est un *menteur*. La *dissimulation* et l'*hypocrisie* sont des habitudes de mensonge.

*
* *

Lorsqu'on invente un mensonge pour nuire à quelqu'un, on fait une *calomnie*. Le calomniateur commet une action criminelle.

Il faut *toujours* dire la vérité.

L'honnête homme est sincère, il inspire la confiance et on a foi en ses paroles.

Maximes. — Le mensonge est odieux.

Honte à celui qui ment (RATISBONNE).

L'honnête homme est esclave de sa parole.

Lectures. — 1° *Amour de la vérité* (GUYAU), p. 124; 2° *Le flatteur parasite* (LESAGE), page 126; 3° *Le menteur* (CORNEILLE), page 130.

PROBLÈMES. — 1° Lorsqu'on a promis, faut-il tenir sa promesse sans exception aucune? Justifier votre réponse par des exemples.

2° Quel est le sens de cette expression : « Faute avouée est à moitié pardonnée »? Est-elle juste et pourquoi?

3° Doit-on faire des serments à tout propos? Pourquoi non?

4° N'y a-t-il pas quelques cas où on peut et même doit dissimuler la vérité? Lesquels et pourquoi?

29. — LA VOLONTÉ. — COURAGE ET PATIENCE

La *volonté* est la faculté d'agir, après mûre réflexion, avec énergie.

Le *courage* est une grande force de volonté. Pour être utile à soi-même et aux autres, il faut être courageux, c'est-à-dire capable d'endurer avec patience la douleur ou le malheur.

** * **

Le vrai courage est réfléchi ; il s'exerce, dans n'importe quelles circonstances, avec ténacité ; il n'est pas l'exaltation d'un moment.

L'habitude d'être courageux conduit à l'*héroïsme*.

Maximes. — Les petits coups font tomber les grands chênes.

Avec le temps, l'eau creuse la pierre.

Le temps est un grand maître.

Lectures. — 1° *La peur dans les ténèbres* (J.-J. ROUSSEAU), page 132 ; 2° *La peur* (GUY DE MAUPASSANT), page 135 ; 3° *Le courage et la volonté* (LEGOUVÉ), p. 138.

PROBLÈMES. — 1° A quel genre de courage rapportez-vous cette maxime : « Fais ce que dois, advienne que pourra » ?

2° On dit quelquefois : il ne faut pas jeter le manche après la cognée. Quel est le sens de cette expression ?

3° A-t-on souvent l'occasion d'être courageux ? Comment pouvez-vous l'être vous-même ?

4° Citez de nombreux exemples de réel courage et même d'héroïsme pris dans la vie civile.

30. — LE TRAVAIL. — LA PARESSE

Le *travail* est une nécessité pour tout le monde, même pour les gens fortunés; c'est la plus haute source de jouissances morales.

La *paresse* ruine la volonté et l'énergie; les oisifs s'ennuient : ce sont des parasites sociaux.

** **

Les travaux corporels et les travaux de l'esprit sont également utiles, et *tous* les travailleurs sont estimables.

L'avenir appartient aux travailleurs économes, *bien plus qu'aux gens fortunés*.

Maximes. — La paresse est la mère de tous les vices (Franklin).

Le travail est un trésor.

La paresse marche si lentement que la pauvreté l'a bientôt atteinte (Proverbe).

Lectures. — 1° *Le travail* (Thiers), page 142 ; 2° *La vie du paresseux* (V. Hugo), page 144 ; 3° *Noblesse et travail* (Tocqueville), page 146.

Problèmes. — 1° Pourquoi dit-on que la paresse est la mère de tous les vices?

2° Que faut-il préférer : être né riche ou être né travailleur? Pourquoi?

31. — PRÉVOYANCE, ORDRE ET ÉCONOMIE

Pour vivre tranquilles et ne pas craindre l'avenir, nous devons être non seulement travailleurs mais encore ordonnés et économes. *L'ordre* ménage le temps et l'argent, il flatte les yeux et peut devenir une source de prospérité.

** **

L'économie, qui consiste à s'abstenir de toute dépense inutile, est source de richesse.

C'est en menant une vie simple qu'on arrive le plus facilement, par l'épargne, à l'aisance, sinon à la richesse.

Maximes. — Il n'y a pas de petites économies : les petits ruisseaux font les grandes rivières (PROVERBE).

Le premier économisé est le premier gagné (PROVERBE).

Ce qui importe, c'est moins ce qu'on gagne que ce qu'on économise.

Lecture. — *Les inconvénients d'une porte ouverte* (J.-B. SAY), page 148.

PROBLÈMES. — 1° Pourquoi dit-on que l'ordre économise le temps et épargne les choses ? Justifiez votre opinion par des exemples.

2° Expliquez ce que c'est qu'une société de secours mutuels, — une caisse d'épargne. Laquelle des deux est préférable et pourquoi?

3° Citez plusieurs dépenses inutiles et fréquentes que l'on peut éviter

32. — L'AVARICE. — LA PRODIGALITÉ
LES DETTES. — LE JEU

Il est indispensable d'être économe; mais il faut éviter autant l'*avarice*, amour immodéré des richesses, que la *prodigalité*, excès dans les dépenses.

* * * *

L'avare mène une existence malheureuse et prive les siens du nécessaire. Il est méprisé de ceux qu'il condamne aux privations et même de tout le monde.

Le prodigue est atteint d'un défaut ridicule qui le mène sûrement à la misère.

* * * *

Il faut fuir les *jeux d'argent* et se garder de faire des *dettes*.

Maximes. — Celui qui va faire un emprunt, va chercher une mortification (FRANKLIN).

L'argent est un bon serviteur et un mauvais maître (FRANKLIN).

Tu veux savoir le prix de l'argent? Empruntes-en (PROVERBE).

Lectures. — 1° *L'avare et son valet* (MOLIÈRE), p. 150; 2° *La mort de l'avare* (BALZAC), page 153.

PROBLÈMES. — 1° Les jeux de hasard sont-ils vraiment un amusement? Pourquoi sont-ils immoraux?

2° Quelle différence voyez-vous entre un homme pauvre et un avare? Lequel des deux aimeriez-vous mieux être?

3° Pourquoi l'économe est-il considéré et l'avare méprisé?

IV. — DEVOIRS SOCIAUX

A. — *La Solidarité*

33. — NÉCESSITÉ DE LA VIE SOCIALE
SES AVANTAGES

La vie en société est *nécessaire* à l'homme; elle lui permet de satisfaire ses besoins matériels, moraux et intellectuels. Un individu vivant complètement isolé serait misérable.

*
* *

Plus une société se perfectionne, plus elle est civilisée et plus son *bien-être augmente*. Les progrès d'une société doivent être matériels et moraux. Quand une société progresse moralement, elle réprouve l'immoralité et le despotisme.

Maxime. — L'union fait la force.

Lecture. — 1° *Les métiers* (J. AICARD), page 158.

PROBLÈMES. — 1° Comment l'exemple de Robinson Crusoë prouve-t-il la nécessité de vivre en société?
2° Existe-t-il un homme réellement indépendant? Quel est, cependant, à votre avis, l'homme le plus indépendant vis-à-vis des autres hommes? Pourquoi?

34. — LA SOLIDARITÉ

La *solidarité* nous unit aux autres hommes vivant en société. Cette solidarité, à la fois matérielle et morale, établit entre eux et nous un quasi-contrat. Puisque nous avons hérité du travail et des améliorations qu'ont apportées nos ancêtres à l'organisation sociale, nous devons travailler aussi pour nos contemporains et pour nos descendants. C'est le moyen de payer, en partie, notre dette à la Société.

Il faut s'appliquer à rendre la solidarité plus étroite, plus fraternelle, en *faisant taire notre égoïsme personnel*.

Maxime. — Le bonheur appartient à qui fait des heureux (Delille).

Lectures. — 1° *Solidarité et progrès* (E. About), page 160 ; 2° *La solidarité* (Léon Bourgeois), p. 162 ; 3° *Le peuple* (Lamennais), page 164.

Problèmes. — 1° Que faut-il penser de l'homme qui renverrait de chez lui un vieux serviteur sans ressources ?

2° Qui vous paraît le plus noble, le plus grand : la fraternité ou la charité? Justifiez votre opinion.

B. — *La Justice*

---

35. — LA JUSTICE; SA RAISON D'ÊTRE

La *justice* nous ordonne de donner à chacun ce qui lui est dû. Elle a pour base l'inviolabilité de la personne humaine et les *droits naturels* et *imprescriptibles* de l'homme. Celui qui, sciemment, fait du tort à ses semblables est *injuste* et méprisable.

Si les injustices devenaient très nombreuses, la vie en société serait impossible et les hommes redeviendraient barbares.

L'*homme juste* s'abstient de toute action qui peut nuire aux autres, il donne à chacun ce qui lui est dû. Notre *intérêt* et notre *devoir* nous commandent d'être justes.

Maxime. — Ne fais pas autrui ce que tu ne voudrais pas qu'on te fît à toi-même.

Lecture. — *Les animaux malades de la peste* (LA FONTAINE), page 167.

PROBLÈMES. — 1.° Peut-on compter sur un homme injuste? Pourquoi n'inspire-t-il pas confiance?

2° Montrez par un exemple que le mauvais écolier est un enfant injuste et qu'il agit contre son intérêt.

3° Pourquoi est-ce une faute grave de « tricher » au jeu?

36. — RESPECT DE LA VIE D'AUTRUI

Le premier des devoirs de justice consiste à *respecter la vie d'autrui*.

Celui qui ôte la vie à son prochain est un *criminel*.

Ceux qui ordonnent ou préparent un crime, même sans l'exécuter, sont coupables d'assassinat.

** * **

Nous devons, par respect pour la vie humaine, éviter tous actes de *brutalité* tels que coups et violences sur nos semblables. Toutefois il faut défendre notre vie réellement menacée, mais nul n'a le droit de se faire justice soi-même.

Maxime. — La vie de l'homme est sacrée (STEEG).

Lecture. — *Respect de la vie humaine* (DIDEROT), page 170.

PROBLÈMES. — 1° Le duel est-il admissible? Que pensez-vous de cette coutume barbare?

2° Peut-on excuser un assassinat politique, par exemple celui de Charlotte Corday sur Marat, celui de Ravaillac sur Henri IV, etc.? Pourquoi non?

37. — RESPECT DE LA PROPRIÉTÉ

Respecter la propriété d'autrui, qui est généralement le fruit de son travail, c'est agir avec *probité*.

Ceux qui trompent sur la marchandise ou sur le travail, ceux qui cachent le produit d'un vol, ceux qui empruntent sachant qu'ils ne peuvent rendre, sont des *voleurs*.

S'approprier un bien auquel on n'a pas droit, c'est encore *voler*.

La loi punit le vol avec une juste sévérité et la morale le condamne absolument.

Maxime. — Le voleur ne peut éviter ni le châtiment, ni la honte.

Lectures. — 1° *Un trait de probité* (BERNARDIN DE SAINT-PIERRE), page 174 ; 2° *Respect de la propriété* (LAMENNAIS), page 176 ; 3° *L'origine de la propriété* (JULES SIMON), page 178.

PROBLÈMES. — 1° Vous avez trouvé un porte-monnaie contenant une certaine somme. Vous est-il permis de le garder? Pourquoi? Qu'en ferez-vous ?

2° Quand on trompe l'Etat en fraudant la douane ou l'octroi, commet-on une action indélicate et répréhensible? Pourquoi?

38. — RESPECT DE LA LIBERTÉ INDIVIDUELLE
LA LIBERTÉ DE CONSCIENCE

L'homme a le droit absolu d'user de ses facultés en vue de son bien, d'où la *liberté individuelle*.

Être tolérant, c'est reconnaître à autrui le droit de professer telle opinion qu'il veut, de pratiquer telle religion qu'il lui plaît, ou même de n'en pratiquer aucune.

*
* *

Tolérer n'est pas suffisant, nous devons *respecter* les opinions d'autrui. Toutes les croyances *sincères* sont respectables et tous les croyants convaincus, estimables.

On peut combattre l'erreur par la persuasion, *jamais par la persécution ;* le moyen est inefficace et criminel.

L'intolérance est non seulement une grave injustice, mais l'un des pires fléaux sociaux.

Maxime. — Jugeons les gens d'après ce qu'ils font, jamais d'après ce qu'ils croient.

Lecture. — *Le pauvre colporteur* (LAMARTINE), page 180.

PROBLÈMES. — 1° Avez-vous été témoin, dans la cour de récréation, de certains actes d'intolérance ? Énumérez-les.

2° Avons-nous le droit de chercher à faire prévaloir nos opinions ? Comment devez-vous le faire ?

3° Pourquoi la révocation de l'édit de Nantes fut-elle un acte d'intolérance ?

4° Quelles sont les formes graves sous lesquelles se manifeste souvent l'intolérance ?

39. — RESPECT DE L'HONNEUR
ET DE LA RÉPUTATION D'AUTRUI

Lorsqu'on dit un mensonge pour nuire à quelqu'un, on fait une *calomnie;* la calomnie est une grave injustice.

Celui qui prend plaisir à dire du mal des autres est un *médisant.*

* * *

La calomnie et la médisance causent le plus souvent des maux irréparables ; ceux qui les emploient pour nuire à autrui sont des malfaiteurs perfides et lâches. La loi punit les calomniateurs.

La *délation* n'est permise que lorsque l'intérêt général l'impose.

Maxime. — Qui juge légèrement se trompe lourdement.

Lectures.— 1° *Les suites de la calomnie* (Jules Steeg), page 183; 2° *Dangers de la médisance* (Victor Hugo), page 184.

Problèmes. — 1° Quel est l'acte le plus coupable : la médisance ou la calomnie? La médisance porte-t-elle à la calomnie? Montrez comment.

2° Ne calomnie-t-on pas ou ne médit-on pas indirectement, par insinuation, par exemple? Cette pratique est-elle grave et que pensez-vous de celui qui s'y laisse aller?

C. — *La Charité*

40. — LA CHARITÉ. — LA BIENFAISANCE

Être juste ne suffit pas, il faut être charitable.

La *charité* nous commande, sans nous contraindre, de faire du bien à nos semblables.

Elle se traduit par la *bienveillance* dans les sentiments et, dans les actes, par la *bienfaisance*.

****

Nous avons le devoir de soulager les pauvres et les faibles dans leur misère, soit en procurant du travail à ceux qui peuvent travailler, soit en donnant des secours aux enfants et aux faibles. Nous devons avant tout être *fraternels*, c'est-à-dire nous oublier pour soulager les autres. La vraie charité doit donc être *désintéressée, discrète, aimable* et *équitable*.

Maximes. — Donnez du peu que vous avez à ceux qui ont encore moins.

La justice respecte et restitue ; la charité donne

Lectures. — 1° *Justice et charité* (LAMENNAIS), p. 186 ; 2° *L'aveugle et le paralytique* (FLORIAN), page 188 ; 3° *Charité délicate* (A. KARR), page 191.

PROBLÈMES. — 1° Est-il moralement permis d'abandonner son semblable dans le danger? Pourquoi non?

2° Comment faut-il donner? Exemple pris dans votre vie personnelle.

3° L'aumône est-elle la seule forme de la charité? Citez les diverses manières d'être charitable supérieures à l'aumône.

4° Montrez que la charité peut s'exercer de plusieurs manières et qu'un enfant, même s'il n'est pas riche, peut être charitable (C.E.P.).

41. — LE DÉVOUEMENT

Le *dévouement* est l'acte charitable accompli dans des circonstances particulièrement difficiles et pénibles. On se dévoue quand on sacrifie sa vie pour autrui; on se dévoue lorsqu'on travaille constamment, comme les savants, pour rendre les hommes plus heureux. Enfin on se dévoue chaque fois qu'on s'oublie complètement pour les autres.

En se dévouant, on est heureux soi-même.

Maxime. — Dévouez-vous sans rien attendre, il n'y a pas d'autre dévouement.

Lectures. — 1° *Jacques le maçon* (BRIZEUX), page 193; 2° *Dévouement pour ses semblables* (VICTOR HUGO), page 195; 3° *Un jeune héros* (VILLEMAIN), page 199.

PROBLÈMES. — 1° Le dévouement a-t-il toujours une forme héroïque comme celui qui consiste à sauver un de ses semblables d'une mort certaine? Connaissez-vous un acte de dévouement plus obscur?

2° Qui fait la valeur du dévouement, est-ce l'importance du malheur empêché ou la grandeur du péril couru par celui qui s'est dévoué?

3° Faut-il rendre le mal pour le mal? Pourquoi non? Que pensez-vous du pardon des injures? Pourquoi est-ce un acte sublime?

42. — DEVOIRS ENVERS LES ANIMAUX

Nous avons le droit, — parce qu'ils sont nécessaires à notre existence et n'ont pas de personnalité morale —, de domestiquer les animaux, de tuer ceux qui sont dangereux, nuisibles, ou indispensables à notre nourriture; mais il nous est *interdit de les faire souffrir.*

** **

Les animaux bien soignés, bien nourris, travaillent mieux et davantage, aussi celui qui maltraite ses animaux domestiques fait non seulement preuve de cruauté, mais de sottise.

La *loi Grammont* punit ceux qui infligent de mauvais traitements aux animaux.

Maxime. — Celui qui est cruel envers les animaux l'est, tôt ou tard, envers les hommes.

Lectures. — 1° *Le cheval arabe* (LAMARTINE), page 201 ; 2° *Le médecin et son cheval* (A. DAUDET), page 204 ; 3° *Le crapaud* (V. HUGO), page 206.

PROBLÈMES. — 1° Est-il moralement interdit d'ôter la vie à certains animaux ? Donnez des raisons à l'appui de votre opinion.

2° Énumérez quelques-uns des services que nous rendent les animaux.

3° Que pensez-vous des enfants qui dénichent les nids ? Montrez comment les oiseaux sont de précieux auxiliaires pour l'agriculture ?

V. — SENTIMENTS SUPÉRIEURS

A. — *43.* — *Le Vrai et la Science.*

L'homme, doué d'*intelligence*, est naturellement avide de vérité. Nous vivons entourés de mystères que des hommes d'élite s'efforcent chaque jour de pénétrer. Ceux qui cherchent et trouvent la raison des choses, sont des *savants*. Toute l'humanité profite des recherches de la science et un pays s'honore lorsqu'il encourage les savants et leur donne le moyen de travailler à leurs nobles entreprises.

Maxime. — De la lumière, toujours plus de lumière (GOETHE).

Lectures. — 1° *Ayons foi dans la science* (PASTEUR), page 209 ; 2° *Le dévouement à la science* (AUG. THIERRY), page 211.

PROBLÈMES. — 1° Qu'est-ce qu'un grand homme ? Justifiez votre définition par un ou plusieurs exemples.

2° Que signifie cette inscription tracée au frontispice du Panthéon : « Aux Grands hommes, la Patrie reconnaissante » ? Pourquoi l'a-t-on mise là ?

3° Que faut-il le plus admirer : le génie scientifique ou le génie artistique ? Lequel croyez-vous le plus utile à l'humanité ?

B. — *44. — Le Beau et l'Art.*

L'homme, doué d'*intelligence* pour le comprendre et de *sensibilité* pour l'aimer, ne peut rester indifférent devant le beau. Ceux qui sentent vivement et reproduisent fidèlement les belles œuvres de la nature sont des *artistes*.

Le *goût* n'est qu'une forme atténuée de l'art

***

L'*art* est essentiellement *moralisateur* ; il inspire de nobles sentiments parce qu'il donne des sensations exquises et élève notre âme vers l'idéal.

Les artistes ont droit à notre admiration et à notre reconnaissance parce qu'ils contribuent à notre éducation et à la gloire de la patrie.

On appelle *vandalisme* la destruction ou la mutilation des œuvres d'art.

Maxime. — Rien n'est vrai que le beau.

Lecture. — *L'art français* (Ch. BIGOT), page 213.

PROBLÈMES. — 1° Avez-vous eu l'occasion d'admirer quelques œuvres d'art? Lesquelles? Quelles impressions vous ont-elles laissées?

2° Quel sentiment éprouveriez-vous à la vue d'un enfant qui s'amuserait à lancer des pierres sur les sculptures d'un beau portail d'église, ou à détériorer une statue sur une place publique?

3° Le beau est-il le monopole d'une opinion ou d'une secte? Faut-il admirer même les œuvres qui répondent à des idées ou à un idéal différents des nôtres?

C. — *Le Bien et le Devoir.*

45. — LES RELIGIONS ET LA RELIGION

Celui qui obéit toujours à sa conscience accomplit son *devoir*, il fait le *bien* et il est heureux.

Le devoir est moralement obligatoire et doit être *désintéressé*. Quand il a pour cause les prescriptions d'une religion il s'appelle devoir religieux. Il dépend alors de certaines croyances qui sont très variables et enseignées par les religions.

* *
*

Chaque religion a pour base la morale plus ou moins épurée et n'est, le plus ordinairement, qu'une morale concrétisée, complétée par la croyance en une autorité supérieure qui règle les destinées de l'humanité. Cette autorité ordonne *impérieusement* aux hommes de faire le bien.

L'homme vraiment religieux est l'homme vertueux.

Maximes. — Sois humble : que t'importe
Le riche et le puissant ?
Un souffle les emporte.
La force la plus forte
C'est un cœur innocent.   (V. Hugo.)

Fais ce que dois, advienne que pourra (Corneille).

Lecture. — *Immortalité de l'âme* (A. de Musset), page 217.

Problèmes. — 1° Quelle est l'essence même du devoir ? 2° Faire le bien accidentellement est-ce être vertueux ? En quoi consiste donc la vertu ? Citez des personnes vertueuses.

INSTRUCTION CIVIQUE

I. — *Organisation politique.*

1.— LA FRANCE AVANT 1789 ET AUJOURD'HUI

Avant 1789 la France était divisée en 32 provinces, qui étaient étrangères les unes aux autres. La Révolution supprima les provinces et divisa la France en départements, arrondissements, cantons et communes. Si ces divisions ne concordent pas toujours assez avec les divisions naturelles du pays, elles ont du moins l'avantage d'être sensiblement de même étendue. Alors fut formée la *Nation française.* Les Français cessaient d'être des *sujets* pour devenir des hommes libres, des *citoyens* égaux devant la loi.

Musée civique. — Une lettre de cachet.

Lecture. — *Cahier des paysans de Culmont en 1789,* page 219.

QUESTIONS. — 1° Pourquoi la division actuelle de la France est-elle préférable à l'ancienne ?
2° Quels en sont toutefois les inconvénients ?

2. — L'ETAT. — LA RÉPUBLIQUE

Les mots *État* ou *Gouvernement* désignent l'organisation administrative d'un pays, c'est-à-dire d'une grande étendue de territoire dont tous les habitants parlent la même langue, obéissent aux mêmes lois, ont les mêmes intérêts, les mêmes droits, les mêmes devoirs et le même drapeau.

Il y a 3 formes de gouvernement, qui sont : la monarchie absolue, la monarchie constitutionnelle et la République.

* * *

Le Gouvernement de la France est une République, c'est le gouvernement du peuple par le peuple lui-même. La 3ᵉ République, ou le gouvernement actuel, a été proclamée le 4 septembre 1870 et organisée définitivement par la Constitution de 1875. La République a réparé les maux de la guerre, elle a fait la France puissante, prospère, et respectée du monde entier.

Lecture.— *Le régime républicain* (GAMBETTA), p. 223.

QUESTION. — Pourquoi la République vous apparaît-elle comme la meilleure forme de Gouvernement ?

3. — LA SOUVERAINETÉ NATIONALE
LE SUFFRAGE UNIVERSEL

On appelle *souveraineté nationale* le droit, pour chaque citoyen, de prendre part au Gouvernement du pays en élisant ses mandataires : conseillers municipaux, conseillers d'arrondissement, conseillers généraux, députés, sénateurs. Ce droit de souveraineté s'exerce par le *suffrage universel*.

C'est la *République de 1848* qui a établi le suffrage universel ; avant cette époque il fallait payer une certaine somme de contributions directes pour être électeur (200 fr.), et une plus grande somme encore pour être élu (500 fr.).

Musée civique. — Liste électorale de la commune (*extraits*).

Lecture. — *Le suffrage universel* (V. Hugo), p. 226.

Questions. — 1° Pourquoi ceux qui sont mécontents de l'organisation politique actuelle n'ont-ils plus, aujourd'hui, le droit de se révolter ?

2° Quelles sont les conditions pour être électeur ? Pour être éligible ?

3° Montrez pourquoi on a pu dire que donner un bulletin de vote à chacun, c'est désarmer les mécontents ?

4. — LE VOTE. — LA LISTE ÉLECTORALE

Tout citoyen français est *électeur à 21 ans*, s'il n'a pas été privé du droit de vote par les tribunaux, et s'il est inscrit sur une liste électorale.

Chaque électeur peut prendre connaissance de la liste électorale et réclamer l'inscription ou la radiation d'un électeur.

** * **

Voter est un devoir impérieux, s'en abstenir est une faute grave, car nul n'a le droit de se désintéresser des affaires publiques.

Nous devons nous renseigner sur la valeur des candidats et voter en *toute indépendance* pour le candidat le plus instruit, le plus libéral, le plus honnête et le plus apte à défendre nos idées.

Le vote est *secret* et *personnel*.

Musée civique. — 1º Carte d'électeur; 2º Liste d'émargement; 3º Bulletins de vote (scrutin uninominal et scrutin de liste).

Lecture. — *Il faut voter* (Cʜ. Bɪɢoᴛ), page 230.

Questions. — 1º On dit que le droit de voter impose des devoirs. Est-ce vrai? Quels sont ces devoirs?

2º Quelles questions doit se poser l'électeur avant d'aller voter?

3º Un candidat instruit sollicite les suffrages des électeurs, est-ce assez pour qu'ils les lui accordent?

5. — LE CITOYEN. — SES DROITS ET SES DEVOIRS

Le citoyen *peut* et *doit* prendre part à la direction des affaires publiques soit directement, soit par l'intermédiaire de ses mandataires ou représentants.

Les droits du citoyen sont la liberté, la propriété, la sûreté, la résistance à l'oppression.

Les devoirs du citoyen sont *l'obéissance à la loi*, le *vote*, le *service militaire* et le *paiement de l'impôt*.

Lecture. — *L'exercice des droits politiques* (FRANCK), page 233.

PROBLÈME. — Y a-t-il une différence, au point de vue social et politique, entre un citoyen de la France actuelle et un Français du temps de Louis XIV? Laquelle?

6. — LA CONSTITUTION

Une *Constitution* est une loi fondamentale qui établit le Gouvernement d'un pays et règle les rapports des grands Pouvoirs de l'Etat entre eux.

Les grands pouvoirs de l'Etat sont : le *pouvoir législatif* qui appartient aux Chambres, le *pouvoir exécutif* qui appartient au Président de la République et aux Ministres, et le *pouvoir judiciaire* qui est confié aux Tribunaux.

La Constitution qui nous régit a été votée le 25 février 1875 : elle a établi en France le Gouvernement républicain.

Musée civique. — La Constitution de 1875.

Lecture. — *La séparation des pouvoirs* (F.-A. Aulard), page 236.

Questions. — 1º Pourquoi un bon citoyen doit-il respecter la Constitution de son pays ?

2º Pourquoi a-t-on établi que la Constitution pourrait être révisée ? Par qui et comment peut être faite cette révision ?

7. — POUVOIR LÉGISLATIF
LA CHAMBRE DES DÉPUTÉS

Le Pouvoir *législatif*, c'est-à-dire celui de faire les lois, est donné à la Chambre des députés et au Sénat qui votent aussi le budget de la France.

Les *députés* — actuellement au nombre de 597 — sont élus au *suffrage universel* pour une durée de 4 ans; il y a un député par arrondissement et par 100.000 habitants et fraction de 100.000. Les députés siègent à Paris, au Palais-Bourbon.

Pour être élu député, il faut avoir au moins *25 ans*. Les députés parlent et agissent au nom de leurs électeurs; ils sont coupables s'ils oublient leurs promesses ou trahissent leurs engagements sans que l'intérêt général les y oblige.

Musée civique. — 1° Salle des séances de la Chambre des députés (*Photographie*); 2° Noms des députés du département.

Lecture. — *Une séance à la Chambre (Journal officiel)*, page 238.

Questions. — 1° La Chambre des députés a-t-elle un rôle prépondérant dans le Gouvernement? En quelle matière?

2° Les électeurs doivent-ils exiger de leur député, certaines qualités? Lesquelles?

8. — POUVOIR LÉGISLATIF. — LE SÉNAT

Le *Sénat* se compose de 3oo membres élus, dans chaque département, par un collège électoral composé des *députés*, des *conseillers généraux*, des *conseillers d'arrondissement* et des *délégués des communes*.

Les sénateurs sont nommés pour 9 ans et renouvelables par tiers tous les 3 ans. Ils siègent à Paris au Palais du Luxembourg. Pour être élu sénateur, il faut avoir au moins *40 ans*. Le Sénat peut se constituer en haute cour de justice pour juger les cas de trahison et de complot contre l'Etat.

*
* *

La Chambre des députés et le Sénat forment le *Parlement* et peuvent se réunir en Congrès à Versailles dans certains cas déterminés.

Le Parlement contrôle les actes des ministres et les approuve ou les désapprouve par son vote.

Musée civique. — 1° Salle des séances du Sénat (*Photographie*); — 2° Noms des sénateurs du département.

Lecture. — *Entretien de Washington et de Thomas Jefferson* (Joseph Fabre), page 240.

Problèmes. — 1° Est-il bon qu'il y ait deux Assemblées législatives? Pourquoi?

2° Le Sénat émane-t-il directement du suffrage universel?

3° Etablissez la différence qu'il y a entre le suffrage universel et le suffrage restreint? Lequel vous semble préférable ?

9. — LA LOI. — TRAVAIL LÉGISLATIF

La loi est l'expression de la volonté nationale puisqu'elle est faite par les mandataires du peuple, députés et sénateurs.

Les projets de loi peuvent être déposés par le Gouvernement ou par un des membres du Parlement.

***

La proposition de loi soumise à l'une des Chambres est examinée par une commission qui charge un de ses membres de rédiger un rapport. Le projet de loi est ensuite discuté et voté article par article. Quand l'ensemble est ainsi adopté, la loi passe devant l'autre Chambre qui procède de la même manière. La loi votée par la Chambre des députés et par le Sénat est ensuite promulguée par le Président de la République.

Le bon citoyen doit toujours obéir à la loi.

Musée civique. — 1° Projet de loi ; 2° Loi votée et rendue exécutoire.

Lecture. — *Obéissance à la loi* (Carrau), page 242.

Problèmes. — 1° On dit que la loi est l'expression de la volonté nationale : Qu'en pensez-vous?

2° Devez-vous obéir à toutes les lois? Pourquoi?

3° Pourquoi la minorité elle-même doit-elle obéir à la loi?

Question. — Comment la loi est-elle promulguée?

10. — POUVOIR EXÉCUTIF
LE PRÉSIDENT DE LA RÉPUBLIQUE

Le *Pouvoir exécutif*, qui a pour objet d'assurer l'application de la loi, appartient au *Président de la République et aux ministres*.

Le Président de la République est élu pour 7 ans par les *députés et les sénateurs réunis en Congrès*, à Versailles.

***

Le *Président de la République* est le gardien de la Constitution et des libertés publiques. Il nomme à tous les emplois civils et militaires; il promulgue les lois, reçoit les ambassadeurs, négocie les traités; il convoque les collèges électoraux et les Chambres, il a le droit de grâce.

Le Président de la République réside à Paris, au Palais de l'Elysée.

Musée civique. — Décret présidentiel.

Lecture. — *Washington quitte le pouvoir* (JOSEPH FABRE), page 245.

PROBLÈMES. — 1° On dit que le Président de la République est l'élu de la nation. Est-ce vrai? Pourquoi?

2° Pourquoi tous les Français doivent-ils respecter le Président de la République?

11. — POUVOIR EXÉCUTIF. — LES MINISTRES

Le Président de la République nomme les ministres et les choisit le plus souvent parmi les députés et les sénateurs.

Les *ministres* gouvernent la France, — c'est-à-dire assurent l'exécution des lois —, d'accord avec la majorité des membres du Parlement qui peuvent les interpeller et leur demander compte de leur administration.

****

Les ministres préparent les projets de loi et les défendent devant le Parlement. Le Président de la République, d'accord avec les ministres, rend des *décrets* en vue de l'application des lois. Les ministres prennent des *arrêtés* pour atteindre le même but.

Musée civique. — Arrêté ministériel.

Lecture. — *Les membres et l'estomac* (LA FONTAINE), page 246.

QUESTIONS. — 1° Quelles ressemblances et quelles différences pourriez-vous établir entre un ministre de l'ancien régime et un ministre de la République?

2° Que font les ministres quand ils ne sont pas approuvés par la majorité du Parlement? — Pourquoi?

12. — POUVOIR JUDICIAIRE
ORGANISATION GÉNÉRALE

Le *pouvoir judiciaire* punit la violation de la loi. — Il appartient aux juges des divers tribunaux.

Il y a 3 sortes de tribunaux : les *tribunaux civils*, les *tribunaux criminels* et les *tribunaux administratifs*.

La justice en France est *publique* et *gratuite*.

Les juges, — qui constituent la magistrature assise —, sont *inamovibles*. — Les procureurs, ou magistrature debout, sont *amovibles*.

PROBLÈMES. — 1° Pourquoi a-t-on établi l'inamovibilité de la magistrature?

2° Dans quelle mesure est-il vrai de dire qu'en France la justice est gratuite?

II. — *Organisation administrative.*

1. — MINISTÈRE DE L'INTÉRIEUR
ORGANISATION GÉNÉRALE

Administrer c'est *gérer, conduire, diriger.*

L'administration comprend l'ensemble des personnes chargées d'assurer l'exécution des lois, c'est-à-dire de garantir à chacun son droit et de faire exécuter les mesures d'utilité générale.

*
**

L'administration *générale* du pays appartient au ministre de l'Intérieur mais, à chaque degré de l'organisation administrative de la France, — sauf le canton —, on trouve une réduction des pouvoirs législatif et exécutif et des représentants des divers ministères, sauf le ministère des Affaires étrangères.

C'est à cette organisation remontant, telle qu'elle est au Consulat, que la France doit une forte centralisation qui a beaucoup d'avantages mais aussi des inconvénients.

PROBLÈMES. — 1° Quels sont les avantages de la centralisation? Quels sont ses inconvénients? Pourquoi et depuis quand la France est-elle si fortement centralisée?

2° Quelles raisons font que le peuple Français s'accommode si aisément d'une étroite centralisation qui n'a pu s'implanter chez plusieurs des peuples voisins?

2. — LA COMMUNE. — LE CONSEIL MUNICIPAL

La commune est une étendue de territoire limitée par la loi et sur laquelle vivent un certain nombre d'habitants.

La *commune est une personne morale* possédant des propriétés et ayant des revenus et des dépenses. Elle est administrée par un *maire* assisté d'un Conseil municipal élu au suffrage universel et au scrutin de liste pour une durée de 4 ans. Le maire est à la fois le représentant de l'*État* et celui de la *commune.*

* * *

Le *Conseil municipal* élit le maire et un ou plusieurs adjoints, et contrôle leur administration ; il vote le budget et règle les affaires de la commune.

Il y a en France 36.142 communes dont l'étendue et la population varient d'une commune à l'autre.

Musée civique. — Budget communal.

Lecture. — *1°* L'exilé (LAMENNAIS), page 248 ; *2° Le pays natal* (BERNARDIN DE SAINT-PIERRE), page 251.
3° Le retour (A. DE MUSSET).

QUESTIONS. — 1° Le nom de « commune » ne vous rappelle-t-il rien du passé? A-t-il aujourd'hui le même sens qu'au Moyen âge?
2° On dit que la commune est une petite patrie et une grande famille. Est-ce vrai? Comment?

3. — LA COMMUNE. — LE MAIRE,
SES ATTRIBUTIONS

Le *maire* est le premier magistrat de la commune; il convoque le Conseil municipal, préside ses réunions et fait exécuter ses décisions.

Le maire a le droit de prendre des arrêtés relatifs à la *salubrité;* ces arrêtés sont obligatoires pour tous les habitants de la commune. Le maire est *officier de l'État civil :* il reçoit les déclarations de naissances, de décès et célèbre les mariages.

Il est *officier de police* et fait dresser procès-verbal des contraventions.

Enfin, comme représentant de l'État, le maire doit faire exécuter les lois dans sa commune.

Musée civique. — Arrêté municipal.

Lecture. — *Le devoir professionnel* (Mignet), p. 255.

Questions. — 1° Qu'est-ce qu'administrer? (Préciser cette définition et *la bien faire comprendre et apprendre par les enfants*). — Indiquez les principales qualités d'un bon administrateur.

2° Est-ce un honneur que d'être choisi comme maire par ses concitoyens? Pourquoi?

3° Les fonctions de maire créent-elle des obligations pour celui qui en est investi? Lesquelles?

4° Par qui sont représentés, dans la commune, le pouvoir législatif, le pouvoir exécutif et chacun des ministères? Montrez le rapport qu'il y a entre l'organisation de la commune et celle du pouvoir central.

4. — LA COMMUNE. — L'ÉTAT CIVIL
NAISSANCES, DÉCÈS

L'*état civil* d'une personne, c'est sa qualité de célibataire, mariée ou veuve.

Le maire est officier de l'état civil, c'est-à-dire chargé de recevoir et de contrôler les déclarations qui lui sont faites à ce sujet.

⁎

Les déclarations de *naissances* doivent être faites à la mairie dans les trois jours qui suivent la naissance. L'acte est rédigé en double et signé par le déclarant, les témoins et le maire.

Les *décès* sont déclarés à la mairie par deux parents, amis ou voisins du décédé qui signent l'acte dressé aussi en double.

L'*inhumation* ne peut avoir lieu que 24 heures après le décès ; c'est le maire qui signe le permis d'inhumer.

Musée civique. — 1° Extrait de naissance; 2° Extrait de décès ; 3° Permis d'inhumer.

Lecture. — *Jean Lavenir, maire* (E. PETIT et G. LAMY), page 257.

QUESTIONS. — 1° Le maire a-t-il droit au respect et à la reconnaissance des habitants de sa commune? Pourquoi ?

2° Quelle est la haute importance de l'état civil? Par qui ses registres sont-ils tenus et qui garantit l'authenticité de leurs indications ?

5. — LA COMMUNE. — L'ÉTAT CIVIL
LES MARIAGES

Le maire célèbre les mariages après qu'*une publication* en a été faite, et est restée apposée à la porte de la mairie pendant 10 jours sans qu'il y ait eu opposition. L'acte est dressé en présence des parents et de quatre témoins. Si les parents des futurs époux sont absents, ils envoient leur consentement.

Un *contrat* peut régler les droits civils, c'est-à-dire l'attribution et la gestion des biens des époux ; avis en est donné au maire.

Moyennant le paiement d'un droit fixe, chacun peut se faire délivrer la copie ou l'extrait d'un acte quelconque de l'état civil.

Musée civique. — 1° Extrait de mariage ; 2° Contrat de mariage.

Problème. — Il y a en France des régions qui sont plus peuplées que d'autres. A quoi cela tient-il d'ordinaire?

Question. — A qui faut-il s'adresser pour avoir la copie ou l'extrait d'un acte de l'état civil, d'un acte de naissance, par exemple ?

6. — LE CANTON

Le *canton* est la réunion d'un certain nombre de communes. Le canton n'a ni propriété, ni budget, ni conseil élu. Le chef-lieu du canton est la résidence du juge de paix, d'un receveur de l'enregistrement, d'un agent voyer, d'un receveur des contributions indirectes, du percepteur : il y a aussi une brigade de gendarmerie. C'est au chef-lieu de canton qu'a lieu le conseil de revision.

Dans chaque canton est organisée une *délégation cantonale* qui comprend généralement un membre au moins par commune. Il y a en France 2.865 cantons.

Musée civique. — 1° Carte du canton; 2° Noms des fonctionnaires du chef-lieu de canton; 3° Noms des délégués cantonaux.

Questions. — 1° Observez-vous des analogies et des différences administratives entre un chef-lieu de canton et un chef-lieu de commune? Énumérez-les.

2° Les habitants d'un canton ne pourraient-ils pas se prêter une aide mutuelle contre certains fléaux tels que l'incendie, la grêle, etc.? Comment?

7. — L'ARRONDISSEMENT. — LE SOUS-PRÉFET

L'arrondissement est formé de plusieurs cantons. Il n'a ni propriété, ni budget, mais il a un Conseil élu, appelé Conseil d'arrondissement, qui émet des vœux et assiste le Sous-Préfet dans l'administration de l'arrondissement. Les conseillers d'arrondissement sont, de droit, électeurs pour la nomination des sénateurs.

***

Le *Sous-Préfet* administre l'arrondissement. Il est nommé, sans examen ni diplôme spécial, par le Président de la République et agit sous le contrôle du Préfet.

Il y a, au chef-lieu d'arrondissement, un tribunal de 1re instance, une recette particulière des finances, une inspection primaire, une conservation des hypothèques, quelquefois un régiment.

La France est divisée en 362 arrondissements.

Musée civique. — 1° Carte de l'arrondissement ; 2° Nom du Conseiller d'arrondissement ; 3° Noms des chefs de service de l'arrondissement.

QUESTIONS. — 1° Que représente le Sous-Préfet au chef-lieu d'arrondissement ?

2° Quelles sont les attributions du Conseil d'arrondissement ?

3° Par qui sont représentés, dans l'arrondissement, le pouvoir législatif, le pouvoir exécutif et chacun des ministres ?

8. — LE DÉPARTEMENT. — LE PRÉFET

Le *département* est la réunion de plusieurs arrondissements. Le département *a des propriétés* et un *budget;* il est administré par un Préfet, nommé par le Président de la République, sans examen ni diplôme spécial, agissant sous le contrôle du Ministre de l'Intérieur, mais sous les ordres de tous les Ministres. — Il est assisté du Conseil général.

*
**

Le Préfet représente à la fois le *Gouvernement*, le *Département* et les *Communes*. Il correspond avec tous les Ministres et nomme à plusieurs emplois départementaux. Il est chargé de la police du département et prend des *arrêtés* concernant la salubrité et l'ordre public.

Le Préfet est secondé par un *secrétaire général* qui le remplace en cas d'absence ou de maladie. Il n'y a pas de sous-préfet à l'arrondissement chef-lieu, le secrétaire général en faisant les fonctions.

Musée civique. — 1° Carte du département; 2° Nom du Préfet du département; 3° Arrêté préfectoral.

Lecture. — *Le Préfet* (JULES STEEG), page 260.

QUESTIONS. — 1° Quelles sont les attributions du Préfet? 2° Qu'est le Préfet par rapport aux divers Ministres, aux Maires et aux Communes? 3° Connaissez-vous des propriétés et les revenus de votre département? Nommez-les?

9. — LE DÉPARTEMENT. — LE CONSEIL GÉNÉRAL

Le Préfet est aidé dans son administration par le *Conseil général*, composé d'autant de membres qu'il y a de cantons dans le département. Les Conseillers généraux sont élus au suffrage universel pour une durée de *six ans* et renouvelables par moitié tous les trois ans ; ils sont, de droit, électeurs du Sénat. Le Conseil général vote le budget du département et contrôle l'administration du Préfet.

Le Préfet est aussi assisté du *Conseil de préfecture*, nommé par le pouvoir exécutif, qui l'éclaire de ses avis dans l'administration du département et joue parfois le rôle de tribunal administratif.

Musée civique. — 1° Nom du Conseiller général du canton ; 2° Budget départemental ; 3° Rapport du Préfet au Conseil général.

Lecture. — *Une séance au Conseil général (Rapport du Préfet)*, page 262.

Question. — Existe-t-il des analogies et des différences entre le Conseil général et la Chambre des députés ? Les énumérer.

10. — POUVOIR JUDICIAIRE
LA JUSTICE DE PAIX

Le *pouvoir judiciaire* règle les différends entre
particuliers (*justice civile*) et punit les délits contre la
société (*justice criminelle*).

Le *Juge de paix*, qui constitue le tribunal de simple
police, a pour mission de *concilier* les parties et d'em-
pêcher les procès plutôt que de punir. Il juge les
contestations entre particuliers, et les contraventions
ou petites infractions aux lois, arrêtés, règlements. Il
convoque et préside les conseils de famille.

Il y a une justice de paix par canton.

Musée civique. — 1° Avertissement à compa-
raître devant le Juge de paix; 2° Procès-verbal de
contravention; 3° Jugement de simple police.

Lecture. — *L'huître et les plaideurs* (BOILEAU),
page 266.

QUESTIONS. — 1° Que savez-vous de la Justice de paix?
Quand ont été créés les Juges de paix et dans quelle in-
tention?

2° Combien y a-t-il de juges à ce tribunal et quelles
affaires juge-t-il?

11. — POUVOIR JUDICIAIRE. — TRIBUNAUX DE PREMIÈRE INSTANCE. — COUR D'APPEL

Il y a un tribunal de 1re instance par arrondissement.

Le *Tribunal de 1re instance*, composé d'un président et de deux juges au moins, rend la justice civile et aussi la justice criminelle ; dans ce dernier cas, il prend le nom de *Tribunal correctionnel*.

Les plaideurs sont représentés devant le tribunal civil par des avoués, et défendus par des avocats.

***

La *Cour d'appel* revise, à la demande des intéressés, les jugements prononcés par les tribunaux de 1re instance. Il y a en France 26 cours d'appel.

Musée civique. — 1° Conclusions et jugement d'un tribunal de 1re instance ; 2° Mandat d'amener; 3° Extrait de casier judiciaire.

Lecture — *Les Plaideurs* (RACINE), page 268.

QUESTIONS. — 1° Expliquez la différence qu'il y a entre la justice civile et la justice criminelle.

2° Montrez qu'un mauvais arrangement vaut mieux qu'un bon procès.

3° Pourquoi dit-on : Fuyez les procès?

12. — POUVOIR JUDICIAIRE. — COUR D'ASSISES COUR DE CASSATION. — ASSISTANCE JUDICIAIRE

Les crimes sont jugés par la *Cour d'assises* qui se réunit tous les trois mois, généralement au chef-lieu du département. La cour d'assises se compose du *Jury* formé de douze citoyens et de la Cour proprement dite formée de trois magistrats.

****

Au-dessus de tous les tribunaux est la *Cour de cassation* qui *ne juge pas*, à proprement parler, mais casse les jugements qui n'ont pas été rendus dans les formes légales et renvoie l'affaire devant un autre tribunal.

****

Les frais de justice, c'est-à-dire les honoraires des avoués, avocats, etc., étant parfois assez élevés, les personnes peu aisées peuvent obtenir l'*assistance judiciaire.* '

Musée civique. — 1° Une séance de cour d'assises (*photographie*) ; 2° Déclaration du Jury.

Lecture. — *Jean le criminel en cour d'assises* (P. Laloi), page 271.

Questions. — 1° Comment est composée la cour d'assises ? Pourquoi des jurés sont-ils adjoints aux magistrats ?

2° Devant quel tribunal la cour de cassation renvoie-t-elle l'affaire pour laquelle un jugement a été mal rendu ?

3° Dans quels cas et comment obtient-on l'assistance judiciaire ?

13. — TRIBUNAUX EXCEPTIONNELS

En dehors des tribunaux relevant du Ministère de la Justice il en existe d'autres dépendant de divers Ministères. Ce sont :

1° Les *Tribunaux administratifs :* Conseil de Préfecture, Conseil d'Etat, Tribunal des Conflits, Cour des Comptes qui jugent les contestations entre les particuliers et l'administration ;

2° Les *Conseils universitaires* qui veillent à l'application des règlements universitaires ;

***

3° Les *Tribunaux de commerce*, composés de juges élus, qui règlent les différends entre commerçants ;

4° Les *Conseils de prud'hommes* jugeant les contestations entre ouvriers et patrons ;

5° Les *Conseils de guerre* jugeant les militaires en activité de service.

Musée civique. — 1° Requête au Conseil d'Etat ; 2° Jugement du Conseil départemental.

QUESTIONS. — 1° Comment et par qui sont nommés les membres des tribunaux de commerce ?

2° Citez des tribunaux à l'élection desquels les femmes peuvent prendre part et où elles peuvent siéger.

3° Indiquez quelques affaires relevant du Conseil de préfecture.

14. — LA DÉFENSE NATIONALE
LE SERVICE MILITAIRE. — ARMÉE DE TERRE

Le *service militaire* est obligatoire pour *tous* les Français à partir de *20 ans jusqu'à 45 ans*. Le soldat fait partie de l'armée active pendant deux ans, de la réserve de l'armée active pendant onze ans, de l'armée territoriale pendant six ans et de la réserve de l'armée territoriale pendant six ans.

** * **

C'est un *devoir* d'être soldat, mais c'est aussi un *honneur*, et les individus qui ont été condamnés à la prison sont *exclus* de l'armée.

La France est divisée en 19 régions militaires occupées chacune par un corps d'armée qui comprend plusieurs régiments. Chaque régiment reçoit un drapeau, symbole de la Patrie.

Un bon soldat est toujours discipliné.

Musée civique. — 1° Tableau de recensement; 2° Ordre d'appel.

Lecture. — *L'armée française à Jemmapes* (MICHELET), page 275.

QUESTIONS. — 1° Le service militaire est-il obligatoire? Pourquoi?

2° Pourquoi les soldats de la Révolution étaient-ils invincibles?

3° Quels sont les sentiments que vous inspire la vue du drapeau?

15. — LA DÉFENSE NATIONALE. — ARMÉE DE MER
ARMÉE COLONIALE. — FORCE PUBLIQUE

L'armée de mer se compose des marins qui sont recrutés parmi les inscrits maritimes. Les *inscrits maritimes* sont à la disposition de l'État à partir de 18 ans jusqu'à 5o ans; le droit de pêche et de navigation leur appartient exclusivement.

La France est divisée en 5 arrondissements maritimes ayant pour chefs-lieux chacun de nos grands ports militaires.

* * *

L'armée coloniale a pour objet la défense de nos colonies et la protection de nos colons.

* * *

La *force publique* est nécessaire pour assurer l'ordre et le respect des lois; elle comprend : les gardes champêtres, les agents de police et les gendarmes.

Musée civique. — 1° Mêmes documents que précédemment; 2° Extrait des registres d'inscription maritime.

Lectures. — 1° *L'expédition de Nordenskiold au pôle sud,* page 279 ; 2° *Le « Vengeur »* (Capitaine RENAUDIN), page 281.

QUESTIONS. — 1° Comment se recrute la flotte ?
2° La situation des marins est-elle pénible? Pourquoi?
3° On répète souvent que la vie de marin est la grande école du courage et du dévouement. Est-ce vrai? Pourquoi?

16. — L'IMPOT. — CONTRIBUTIONS DIRECTES

L'*impôt* est la contribution que l'État prélève sur les ressources et le produit du travail de chaque citoyen pour couvrir les dépenses publiques. Il est *toujours* voté par les *représentants du peuple;* il est donc *juste* et *obligatoire.*

****

Les *contributions directes*, réparties par le contrôleur et perçues par le percepteur, sont payées *directement* par les intéressés.

Les quatre contributions directes sont l'impôt foncier, la contribution personnelle et mobilière, la contribution des portes et fenêtres, et la contribution des patentes.

Les demandes en décharge ou réduction d'impôt sont reçues par le Maire ou le Sous-Préfet.

Musée civique. — 1° Feuille de contributions (Voir au dos et *lire ce qui est imprimé*) ; 2° Divers modèles de sommation ; 3° Quittances ; 4° Modèle de réclamation pour dégrèvement.

Lectures. — 1° *Utilité des impôts* (LEGOUVÉ), page 285 ; 2° *L'impôt* (THIERS), page 286.

QUESTIONS. — 1° L'impôt est-il obligatoire ou facultatif? Pourquoi?

2° Tous les citoyens doivent-ils payer l'impôt? Pourquoi?

EXERCICE ÉCRIT : Rédigez une demande motivée en réduction d'impôts.

17. — L'IMPOT. — CONTRIBUTIONS INDIRECTES

Les *contributions indirectes* frappent *indirectement* les consommateurs. Elles sont acquittées en gros par les fabricants qui augmentent, naturellement, d'autant le prix de leurs marchandises.

Les contributions indirectes comprennent les impôts de consommation, les droits de douane, les droits d'enregistrement et de timbre, et les monopoles.

Les bons citoyens n'essaient point de se soustraire à l'impôt ; ceux qui volent l'État en fraudant sont passibles de peines correctionnelles.

Musée civique. — 1° Laissez-passer ; 2° Congé, etc.

Lecture. — *La fraude* (FRANKLIN), page 288.

QUESTIONS. — 1° Pourquoi les impôts indirects soulèvent-ils moins de plaintes que les impôts directs ?

2° Montrez que la fraude en matière d'impôt est un véritable vol.

PROBLÈME. — Un de vos voisins essaye de se soustraire à l'impôt par la fraude. L'imiterez-vous quand vous serez plus grands ? Pourquoi non ?

18. — L'ENSEIGNEMENT

Dans un pays démocratique, l'instruction doit être donnée à tous ; c'est pourquoi la République a rendu l'*enseignement primaire gratuit, laïque* et *obligatoire* pour les enfants de 6 à 13 ans.

Cet enseignement comprend les notions indispensables à tout citoyen ; il est donné par les instituteurs et les institutrices qui sont en général préparés et formés dans les écoles normales.

L'enseignement primaire est surveillé par des inspecteurs ; il conduit au certificat d'études primaires.

** **

L'*enseignement secondaire* est donné dans les collèges et les lycées, et l'*enseignement supérieur* dans les facultés et certaines grandes écoles spéciales. Ces deux derniers enseignements ne sont pas gratuits, mais l'État accorde, à la suite d'un concours, des bourses aux élèves sans fortune qui justifient de réelles aptitudes intellectuelles.

Musée civique. — 1° Liste nominative des enfants ; 2° Convocation de la commission scolaire ; 3° Certificat d'études primaires ; 4° Brevets.

Lectures. — 1° *L'école obligatoire* (JULES SIMON), page 289 ; 2° *La laïcité* (QUINET), page 291.

PROBLÈMES. — 1° Que pensez-vous d'un père de famille qui refuserait d'envoyer ses enfants à l'école ? Ne porterait-il préjudice qu'à ses enfants ?

2° L'ignorance peut-elle avoir des conséquences pour un pays ? Lesquelles ?

Attributions des ministres.

19. — LE MINISTRE DE L'INTÉRIEUR

Le *ministre de l'Intérieur* dirige l'administration des départements, des arrondissements et des communes. Il est le supérieur des préfets, des sous-préfets et des maires. Il révoque parfois les maires qui ont été suspendus de leurs fonctions par le préfet, et prononce la dissolution des conseils municipaux qui gèrent mal les affaires de leur commune.

Le ministre de l'Intérieur est le chef de la police, et il dirige tout ce qui concerne les institutions de bienfaisance et le service des prisons.

Il veille enfin à l'exécution des lois relatives à toutes les élections.

Lecture. — *Le préfet Valentin à Strasbourg* (COMPAYRÉ), page 293.

QUESTIONS. — 1° Quelle est la principale attribution du ministre de l'intérieur?

2° Dans quel cas le ministre de l'Intérieur révoque-t-il un maire?

3° Est-ce qu'il n'est pas nécessaire, parfois, de dissoudre un Conseil municipal? Dans quel cas notamment?

20. — LE MINISTRE DE LA JUSTICE

Le *ministre de la Justice*, appelé aussi garde des sceaux, est le chef du pouvoir judiciaire.

On distingue : 1° la *magistrature assise*, qui comprend les juges chargés d'appliquer les lois et qui sont *inamovibles* ; 2° la *magistrature debout*, désignée aussi sous le nom de ministère public ou parquet (procureurs de la République et substituts) qui comprend les magistrats représentant la Société et chargés de requérir, c'est-à-dire, demander, l'application des lois. Ces derniers magistrats peuvent être *déplacés ou révoqués*.

Le ministre de la Justice préside le Conseil d'État.

Lecture. — *Le meunier Sans-Souci* (ANDRIEUX), page 295.

QUESTIONS. — 1° Comment appelle-t-on encore le ministre de la Justice ?

2° Par qui sont nommés les magistrats?

3° Qu'entend-on par magistrature assise? magistrature debout?

21. — LE MINISTRE DES AFFAIRES ÉTRANGÈRES

Le *ministre des Affaires étrangères* est chargé de régler nos relations avec les pays étrangers. Ces relations sont politiques ou commerciales.

Pour les relations politiques, le ministre des Affaires étrangères a, sous ses ordres, les *agents diplomatiques* (ambassadeurs, ministres plénipotentiaires, résidents, chargés d'affaires) ; et pour les relations commerciales, il a les *agents consulaires* (consuls, vice-consuls).

Le ministre des Affaires étrangères doit veiller à la protection de nos nationaux ; il prépare des alliances et négocie des traités qui ne sont exécutoires qu'après avoir été votés par le Parlement.

Musée civique. — 1° Un traité de paix ; 2° Un traité de commerce ; 3° Le traité de Francfort.

Lecture. — *Réception d'une ambassade à l'Élysée* (*Les journaux*), page 298.

QUESTIONS. — 1° De quoi le ministre des Affaires étrangères est-il chargé ?
2° Quels agents a-t-il sous ses ordres ?
3° Rôle des agents diplomatiques.
4° Rôle des agents consulaires.

22. — LE MINISTRE DES FINANCES

Le *ministre des Finances* est chargé de la garde et de la gestion du Trésor public. Il prépare chaque année le Budget, c'est-à-dire l'état des recettes et des dépenses; il veille à ce que les impôts soient régulièrement perçus et les dépenses scrupuleusement acquittées.

Le ministre des Finances a sous ses ordres un *Trésorier-payeur général* dans chaque département, un *Receveur particulier* dans chaque arrondissement, et un ou plusieurs *Percepteurs* par canton.

****

Ces fonctionnaires perçoivent les contributions directes que les *contrôleurs* ont fixées d'accord avec les *répartiteurs*.

Les contributions indirectes sont perçues par des agents qui portent le nom de *Receveurs*.

Les recettes et les dépenses de l'État sont examinées par la Cour des comptes qui siège à Paris.

Musée civique. — 1° Une sommation d'un traitant d'autrefois; 2° La perception des impôts aux diverses époques (*Photographie*).

Lecture. — *Les impôts sous l'ancien régime* (J.-J. Rousseau), page 301.

Questions. — 1° Quelles sont les attributions du ministre des finances?

2° Par quels agents passent les impôts avant de parvenir au ministère des Finances?

3° Qu'est-ce que la Cour des comptes?

---

23. — LE MINISTRE DE LA GUERRE

Le *ministre de la Guerre* est le chef de l'armée de terre. Il s'occupe de l'organisation générale de l'armée et de la défense du territoire. Il est chargé du service des places fortes, de la mobilisation en cas de guerre, de l'organisation des chemins de fer pour le transport des troupes.

Le ministre de la Guerre est secondé par un chef d'état-major général et par le Conseil supérieur de la guerre. Du ministre de la Guerre dépendent les diverses écoles militaires telles que celles de Saint-Cyr et de Saint-Maixent, etc.

Musée civique. — 1° Le recrutement sous l'ancienne monarchie et le recrutement actuel en Angleterre (*Photographies*); 2° La loi de deux ans.

Lecture. — *Le patriotisme* (Ch. Bigot), page 304.

Questions. — 1° Quel est le rôle du ministre de la Guerre ?
2° Par qui est-il secondé?

24. — LE MINISTRE DE LA MARINE

Le *ministre de la Marine* est le chef de la flotte ou armée de mer et de l'armée coloniale. Il assure la défense de nos côtes et protège notre commerce sur toutes les mers du globe.

Le ministre de la Marine est aidé par un chef d'état-major général et par le Conseil de l'amirauté. Du ministre de la Marine dépendent l'École Navale qui forme les officiers de la marine de l'État, et l'École des mousses.

Musée. — 1° La vie à bord (*Photographie*); 2° Un de nos cuirassés, de nos torpilleurs, etc. (*Photographie.*)

Lecture. — *Les pupilles de la Marine* (COMPAYRÉ, page 307.

QUESTIONS. — 1° De quoi est chargé le ministre de la Marine?

2° Par qui est-il aidé?

25. — LE MINISTRE DE L'INSTRUCTION PUBLIQUE

Le *ministre de l'Instruction publique* dirige l'enseignement public et contrôle l'enseignement privé. Il nomme tous les professeurs et charge des inspecteurs de surveiller l'enseignement à tous ses degrés.

Le ministre de l'Instruction publique est assisté du Conseil supérieur de l'instruction publique. Il est secondé, à Paris, par un *Directeur* pour chacun des trois ordres d'enseignement et, en province, par un *Recteur* placé à la tête de chacune de nos 17 académies.

Le ministre préside le Conseil supérieur de l'instruction publique.

Musée civique. — 1° La Sorbonne, une séance dans le grand amphithéâtre (*Photographie*); 2° Une séance à l'Académie (*Photographie*); 3° Une séance à l'Institut (*Photographie*).

Lectures. — 1° *L'Université de Paris* (L. LIARD), page 310 ; 2° *Discours de réception de Jean Richepin à l'Académie*, page 315.

QUESTIONS. — 1° Quelles sont les attributions du ministre de l'Instruction publique?
2° Par qui est-il secondé? Quel est le Conseil qui assiste le ministre de l'Instruction publique?

26. — LE MINISTRE DES TRAVAUX PUBLICS
POSTES ET TÉLÉGRAPHES

Le *ministre des Travaux publics* dirige les grands travaux qui sont faits dans l'intérêt de la nation, notamment pour faciliter les communications : chemins de fer, canaux, fleuves et rivières, ports, routes, etc. Il a sous ses ordres les ingénieurs, les conducteurs des ponts et chaussées et les agents voyers.

*
* *

De ce ministère relève généralement le sous-secrétariat des *Postes et Télégraphes.*

Les lettres sont remises à la *poste* qui les fait parvenir aux destinataires par les facteurs. Les lettres doivent être affranchies à l'aide de timbres-poste.

On peut encore envoyer par la *poste* des journaux, des imprimés et même de l'argent au moyen des mandats ou des bons de poste.

Le télégraphe et le téléphone permettent une correspondance rapide.

Musée civique. — 1° Suscription de lettre ; 2° Rédaction de télégramme ; 3° Demande d'appel téléphonique ; 4° Mandats divers ; 5° Lettre chargée ou recommandée ; 6° Collection de timbres.

Lecture. — *Percement du canal de Suez* (E. RECLUS), page 318.

QUESTIONS. — 1° Énumérez les attributions du ministre des Travaux publics ?

2° Quels agents a-t-il sous ses ordres pour la construction des ponts et chaussées? des routes départementales et vicinales?

27. — LE MINISTRE DU COMMERCE
ET DE L'INDUSTRIE

Le *ministre du Commerce et de l'Industrie* veille au développement de nos richesses nationales. Il conclut, d'accord avec le Parlement, des traités de commerce avec les nations étrangères, poursuit la modification du tarif douanier et encourage la marine marchande.

Il est éclairé par les *Chambres de commerce* et les *Chambres des arts et manufactures* qui lui font connaître leurs vœux.

Le ministre du Commerce et de l'Industrie a la direction du Conservatoire des Arts et Métiers, des Écoles des Arts et Métiers, des Écoles de commerce et des Écoles professionnelles. Il organise les expositions internationales.

Musée civique. — 1° Photographies de l'Exposition de 1900 ; 2° Billet de chemins de fer ; 3° Billet de famille ; 4° Bulletin de bagages.

Lecture. — *Une visite à l'Exposition* (Mme M. Robert Halt), page 321.

Questions. — 1° Attributions du ministre du Commerce t de l'Industrie ;
2° Rôle des Chambres de Commerce.

28. — LE MINISTRE DE L'AGRICULTURE

Le *ministre de l'Agriculture* veille aux intérêts de l'agriculture. Il favorise le développement des richesses du sol en propageant les méthodes rationnelles de culture, en encourageant par des primes l'amélioration des races d'animaux domestiques, la conservation des forêts et le reboisement du sol surtout dans les montagnes.

Le ministre de l'Agriculture subventionne les concours régionaux et les comices agricoles, et il a sous sa surveillance les écoles vétérinaires et les écoles d'agriculture.

L'Etat favorise la création de Caisses de secours agricole pour venir en aide aux cultivateurs qui sont momentanément dans la gêne.

Musée civique. — 1º Un comice agricole (*Photographie*); 2º Demande en dégrèvement pour pertes agricoles ; 3º Modèle de contrat d'assurance contre la mortalité des bestiaux.

Lecture. — *Le Comice agricole* (GUSTAVE FLAUBERT), page 324.

QUESTION. — Quelles sont les qualités que doit posséder un bon cultivateur ?

29. — LE MINISTRE DES COLONIES

Le *ministre des Colonies* dirige l'administration de nos colonies, c'est-à-dire des possessions de la France hors d'Europe; il favorise l'expansion coloniale pour donner de nouveaux débouchés à notre commerce et à notre industrie.

Les Français qui se fixent dans les pays lointains étendent le prestige et la puissance de la mère-patrie.

Le ministre des Colonies a sous ses ordres des gouverneurs, des administrateurs et des résidents; il dirige l'Office colonial, précieuse agence de renseignements désintéressés pour les futurs colons.

Musée civique. — 1° Carte de nos colonies; 2° Demande de concession en Algérie.

Lecture. — *L'Indo-Chine française. Hué* (CHAILLEY-BERT), page 327.

PROBLÈME. — Est-il utile, pour un grand pays comme la France, d'avoir des Colonies? Pourquoi?

Ferme de la Manouba près de Tunis.

30. — LE MINISTRE DU TRAVAIL

Le *ministre du Travail et de la Prévoyance sociale* a dans ses attributions la réglementation du travail, les relations entre employeurs et employés, les conditions d'existence des travailleurs en cas de maladie, d'accidents du travail et de chômage, d'invalidité, de vieillesse, et en général toutes les institutions d'épargne, de prévoyance et de mutualité.

Musée civique. — 1° Livret de mutualiste scolaire; 2° Insignes mutualistes; 3° Demande de secours pour maladie; 3° Récompenses mutualistes

Lecture. — *Vers la prévoyance* (E. Petit et G. Lamy), page 33o.

Problèmes. — 1° Ceux qui nous ont précédés ont-ils travaillé pour nous? Montrez-le? Ne nous ont-ils fait que du bien? Donnez des exemples.

2° Nous avons tous une dette envers la Société. Comment nous en libérerons-nous?

31. — LA DÉCLARATION DES DROITS DE L'HOMME

Avant la Révolution de 1789, les Français n'avaient aucun droit civil ni politique; leur situation dépendait du caprice des rois ainsi que des coutumes et des usages locaux.

Les philosophes Voltaire, Montesquieu, J.-J. Rousseau, Diderot, d'Alembert enseignèrent par leurs écrits que tout être humain, par le seul fait qu'il est un homme, apporte en naissant des **droits** *que nul ne peut lui enlever, car ils sont imprescriptibles et sacrés.*

Les constituants fixèrent, dans la Déclaration des Droits de l'Homme (1789), *les* **droits** *que les Français allaient exercer maintenant qu'ils avaient cessé d'être des sujets pour devenir des citoyens. Voici le texte de cette immortelle déclaration dont se sont, depuis, inspirés la plupart des pays libres.*

Art. 1er. — Les hommes naissent et demeurent libres et égaux en droits; les distinctions sociales ne peuvent être fondées que sur l'utilité commune.

Art. 2. — Le but de toute association politique est la conservation des droits naturels et imprescriptibles de l'homme; ces droits sont la liberté, la propriété, la sûreté et la résistance à l'oppression.

Art. 3. — Le principe de toute souveraineté réside essentiellement dans la nation; nul corps, nul individu ne peut exercer d'autorité qui n'en émane expressément.

Art. 4. — La liberté consiste à pouvoir faire tout ce qui ne nuit pas à autrui; ainsi l'exercice des droits naturels de chaque homme n'a de bornes que celles qui assurent aux autres membres de la société, la jouissance de ces mêmes droits ; ces bornes ne peuvent être déterminées que par la loi.

ART. 5. — La loi n'a le droit de défendre que les actions nuisibles à la société. Tout ce qui n'est pas défendu par la loi ne peut être empêché, et nul ne peut être contraint à faire ce qu'elle n'ordonne pas.

ART. 6. — La loi est l'expression de la volonté générale ; tous les citoyens ont droit de concourir, personnellement ou par leurs représentants, à sa formation ; elle doit être la même pour tous, soit qu'elle protège, soit qu'elle punisse. Tous les citoyens étant égaux à ses yeux, sont également admissibles à toutes dignités, places et emplois publics, selon leur capacité, et sans autre distinction que celle de leurs vertus et de leurs talents.

ART. 7. — Nul homme ne peut être accusé, arrêté, ni détenu que dans les cas déterminés par la loi, et selon les formes qu'elle a prescrites. Ceux qui sollicitent, expédient, exécutent ou font exécuter des ordres arbitraires doivent être punis ; mais tout citoyen, appelé ou saisi en vertu de la loi, doit obéir à l'instant ; il se rend coupable par la résistance.

ART. 8. — La loi ne doit établir que des peines strictement et évidemment nécessaires, et nul ne peut être puni qu'en vertu d'une loi établie et promulguée antérieurement au délit et légalement appliquée.

ART. 9. — Tout homme étant présumé innocent jusqu'à ce qu'il ait été déclaré coupable, s'il est jugé indispensable de l'arrêter, toute rigueur qui ne serait pas nécessaire pour s'assurer de sa personne, doit être sévèrement réprimée par la loi.

Art. 10. — Nul ne doit être inquiété pour ses opinions, même religieuses, pourvu que leur manifestation ne trouble pas l'ordre public établi par la loi.

Art. 11. — La libre communication des pensées et des opinions est un des droits les plus précieux de l'homme. Tout citoyen peut donc parler, écrire, imprimer librement, sauf à répondre de l'abus de cette liberté dans les cas déterminés par la loi.

Art. 12. — La garantie des droits de l'homme et du citoyen nécessite une force publique; cette force est donc instituée pour l'avantage de tous, et non pour l'utilité particulière de ceux auxquels elle est confiée.

Art. 13. — Pour l'entretien de la force publique et pour les dépenses de l'administration, une contribution commune est indispensable; elle doit être également répartie entre tous les citoyens, en raison de leurs facultés.

Art. 14. — Tous les citoyens ont le droit de constater par eux-mêmes ou par leurs représentants, la nécessité de la contribution publique, de la consentir librement, d'en suivre l'emploi et d'en déterminer la quotité, l'assiette, le recouvrement et la durée.

Art. 15. — La société a le droit de demander compte à tout agent public de son administration.

Art. 16. — Toute société dans laquelle la garantie des droits n'est pas assurée, ni la séparation des pouvoirs déterminée, n'a point de constitution.

Art. 17. — La propriété étant un droit inviolable et sacré, nul ne peut en être privé, si ce n'est lorsque la nécessité publique, légalement constatée, l'exige évidemment et sous la condition d'une juste et préalable indemnité.

Musée civique. — La déclaration des Droits de l'Homme telle qu'elle fut rédigée par les Constituants.

NOTIONS DE CIVILITÉ

1. — LA BONNE ÉDUCATION. — LE SAVOIR-VIVRE

A ses qualités morales, un enfant doit joindre de bonnes manières, pour se rendre *aimable* et *agréable*.

Il n'y a pas de bonne éducation sans la connaissance des règles du *savoir-vivre*, c'est-à-dire de ce que nous devons faire ou éviter, dans les diverses circonstances de la vie, pour plaire à ceux avec qui nous sommes en rapport.

QUESTIONS. — 1° Suffit-il à un enfant de posséder des qualités morales pour être aimable et agréable à tous?
2° Qu'entend-on par bonne éducation? par savoir-vivre?

Lecture. — *Le savoir-vivre* (Mme DE MAINTENON), page 334.

---

2. — L'ENFANT DANS LA FAMILLE

Un enfant bien élevé fait la joie de ses parents. Il n'est pas sans gêne; il est au contraire *discret, réservé*. Il évite les discussions avec ses frères et sœurs et fait son possible pour montrer toujours un *visage riant* qui dénote un bon caractère.

Un enfant bien élevé n'est *ni boudeur, ni volontaire*.

QUESTIONS. — 1 Comment un enfant bien élevé se conduit-il vis-à-vis de ses parents? vis-à-vis de ses frères et sœurs?
2° Que pensez-vous de l'enfant boudeur?
3° Comment un enfant fait-il preuve de discrétion?

3. — L'ENFANT A TABLE

A table l'enfant doit se tenir droit sur sa chaise. Il ne *parle pas la bouche pleine*; il ne souffle pas sur les mets qu'on lui a servis. Il s'essuie la bouche avant de boire et après avoir bu; il évite de faire du bruit avec son couvert. Enfin il s'applique à manger convenablement comme on le lui a enseigné.

QUESTIONS. — 1° Dites comment on mange la viande quand on est à table?

2° Indiquez comment on mange le poisson, les légumes, le fromage, les fruits?

3° Le pain se coupe-t-il avec un couteau en le mangeant?

4° Que faut-il faire avant et après avoir bu? lorsque les mets sont trop chauds?

---

4. — L'ENFANT DANS LA RUE

Un enfant bien élevé ne flâne pas dans les rues; il évite de siffler et de chanter en marchant. Il va *posément*, sans se retourner et en *saluant*, le premier, les personnes de sa connaissance. Il laisse le trottoir ou le milieu de la rue aux personnes plus âgées que lui. Il ne s'arrête pas à lire les affiches apposées sur les murs.

QUESTIONS. — 1° Quelles sont les personnes que doit saluer un enfant?

2° Quand un enfant se tient mal, que pensent, de lui, les étrangers? qu'en pensent les personnes qui l'accompagnent?

5. — L'ENFANT EN CLASSE

L'enfant bien élevé ne doit jamais oublier de *saluer son maître*, soit en arrivant en classe, soit lorsqu'il le rencontre dans la rue. Il se montre *prévenant* pour lui ; il est attentif et évite de faire du bruit ou de causer lorsque son maître parle. C'est être impoli que de tousser ou d'éternuer trop bruyamment.

QUESTIONS. — 1° Comment l'enfant doit-il se tenir à l'école ?

2° Citez quelques prévenances d'un enfant pour son maître ?

6. -- L'ENFANT EN SOCIÉTÉ

L'enfant bien élevé se reconnaît à sa manière de se tenir en *société;* il se découvre devant les personnes plus âgées, observe une bonne attitude en leur présence, surveille sa conversation, *ne parle que lorsqu'on l'interroge* et ne fait jamais répéter à quelqu'un ce que celui-ci a dit. La bonne éducation défend aussi de *parler bas* en société.

QUESTIONS. — 1° Comment doit se tenir un enfant en présence des grandes personnes qui causent ensemble ?

2° Citez des façons grossières d'agir en société ?

3° Dites ce que vous pensez de l'enfant « hardi »?

Lecture. — *Bonne éducation* (VESSIOT), page 336.

7. — L'ENFANT EN VISITE

La politesse est un signe de bonne éducation, aussi l'enfant doit-il toujours se montrer *poli* et *aimable*. Lorsqu'il est en visite avec ses parents, il ne s'assiéra qu'après y avoir été invité; il se tiendra tranquille sur sa chaise et ne parlera que si on l'interroge. — Si la visite se prolonge, l'enfant bien élevé n'en manifestera aucun ennui; il dira bonjour le *premier* en arrivant, et au revoir ou adieu quand il partira.

QUESTIONS. — 1° Comment un enfant se présente-il en visite avec ses parents?

2° Est-il permis à un enfant de bâiller ou de donner d'autres signes d'ennui quand il est en visite?

3° De quelle façon un enfant prend-il congé des personnes qui l'ont reçu?

---

8. — LA CORRESPONDANCE DE L'ENFANT

Un enfant doit écrire simplement, d'une façon correcte et d'une manière *très lisible*. Il choisira avec soin la formule suivant la personne à laquelle il s'adressera. Il devra écrire sur du *papier très propre*.

Un enfant bien élevé n'écrira à personne sans y être autorisé par *ses parents* auxquels il montrera sa lettre. Les parents doivent également prendre connaissance des lettres que leur enfant reçoit.

QUESTIONS. — 1° Est-il convenable qu'un enfant envoie des lettres sans que ses parents en aient connaissance? Pourquoi?

2° Vous avez à écrire à votre grand-père. Quelle formule mettrez-vous à la fin de votre lettre? sera-t-elle la même pour un camarade?

Quelle formule emploierez-vous pour votre instituteur ou votre professeur?

TABLE DES MATIÈRES

MORALE

I. — PRINCIPES GÉNÉRAUX

MORALE PRATIQUE

II. — DEVOIRS INDIVIDUELS

A. Devoirs envers le corps.

B. Devoirs envers l'âme.

III. — DEVOIRS SOCIAUX

A. — La famille.

B. — L'école.

C. — La Patrie.

D. — La Société. — L'Humanité.

INSTRUCTION CIVIQUE

I. — ORGANISATION POLITIQUE

II. — ORGANISATION ADMINISTRATIVE

NOTIONS DE CIVILITÉ

Imprimerie de Montligeon (Orne). — 6526-4-14.

9 782013 603850